农产品质量安全与品牌建设

逄锦超　吴春英　张志允
闫玉娟　彭新红　付茜茜　主编

中国农业科学技术出版社

图书在版编目（CIP）数据

农产品质量安全与品牌建设 / 逄锦超等主编. 北京：中国农业科学技术出版社，2025.3. --ISBN 978-7-5116-7343-5

Ⅰ.F326.5

中国国家版本馆 CIP 数据核字第 2025BA3174 号

责任编辑　白姗姗
责任校对　李向荣
责任印制　姜义伟　王思文

出 版 者	中国农业科学技术出版社
	北京市中关村南大街 12 号　邮编：100081
电　　话	（010）82106638（编辑室）　　（010）82106624（发行部）
	（010）82109709（读者服务部）
网　　址	https://castp.caas.cn
经 销 者	各地新华书店
印 刷 者	鸿博睿特（天津）印刷科技有限公司
开　　本	140 mm×203 mm　1/32
印　　张	4.75
字　　数	125 千字
版　　次	2025 年 3 月第 1 版　2025 年 3 月第 1 次印刷
定　　价	39.80 元

◆版权所有·翻印必究▶

《农产品质量安全与品牌建设》
编委会

主　编：逢锦超　吴春英　张志允　闫玉娟
　　　　彭新红　付茜茜
副主编：焦　鹏　朱爱民　商兆慧　王秀蓉
　　　　韩　璐　陈　东　曹　朋　贺国喜
　　　　孟志强　贺　冰　阳　红　周　槟
　　　　朱雪松　杜军辉　王光富　刘　虹
编　委：庞　真　徐成刚　徐　冰　刘新房
　　　　万红雨　朱云玲　杨菊香

前 言

农产品作为人类生存和发展的基础物质，其质量直接关系消费者的健康、农业产业的可持续发展以及社会的稳定。

本书内容涵盖广泛，详细剖析产地环境、投入品、生产技术与管理、流通与销售等多方面影响因素；对农产品质量安全标准、生产、加工、储藏、流通、消费全过程的质量控制要点逐一讲解；同时，聚焦农产品品种培优、品质提升策略，为产业发展注入内核动力；最后落脚于农产品品牌建设，从定位规划、塑造推广到维护提升，展现品牌打造全流程。

本书适用于广大农业企业管理人员、农产品生产者、基层农技人员，帮助他们在日常工作中提升农产品质量管控水平，实现农业产业的可持续发展。

编 者

2025 年 2 月

目 录

第一章　农产品质量安全影响因素 … 1
- 第一节　产地环境因素 … 1
- 第二节　农业投入品因素 … 3
- 第三节　生产技术与管理因素 … 7
- 第四节　流通与销售因素 … 10

第二章　农产品质量安全标准 … 13
- 第一节　农产品质量安全标准概述 … 13
- 第二节　农产品质量安全标准的主要内容 … 15
- 第三节　标准体系架构及标准化生产 … 17
- 第四节　农产品质量安全标准的实施与监督 … 22

第三章　农产品生产过程中的质量安全控制 … 25
- 第一节　种植环节质量安全控制 … 25
- 第二节　养殖环节质量安全控制 … 28
- 第三节　农业生产档案建立与管理 … 30
- 第四节　生产过程中的质量安全监督巡查 … 34

第四章　农产品加工与储藏过程中的质量安全控制 … 37
- 第一节　加工环节的质量安全控制 … 37
- 第二节　加工环境与设备卫生要求 … 39
- 第三节　储藏条件与管理 … 41
- 第四节　加工储藏环节的质量追溯起点 … 45

第五章　农产品流通与消费过程中的质量安全控制 … 51
- 第一节　农产品运输配送管理 … 51
- 第二节　农产品批发市场监管 … 55
- 第三节　农贸市场与超市管理 … 59
- 第四节　电商平台与冷链物流管理 … 62

农产品质量安全与品牌建设

第六章　农产品质量安全检测技术与方法 ……………… 65
第一节　样品采集与制备技术 ……………………… 65
第二节　快速检测技术 ……………………………… 68
第三节　实验室精确检测技术 ……………………… 71
第四节　新型检测技术展望 ………………………… 73

第七章　农产品质量安全风险评估与管理 …………… 77
第一节　风险评估体系构建 ………………………… 77
第二节　农产品质量安全管理体系 ………………… 80
第三节　农产品质量安全提升策略 ………………… 83
第四节　追溯管理 …………………………………… 86

第八章　农产品质量安全应急管理 ……………………… 91
第一节　应急机制建立 ……………………………… 91
第二节　事件处置流程 ……………………………… 93
第三节　善后与恢复 ………………………………… 97
第四节　应急处置回顾与提升 ……………………… 101

第九章　农产品品种培优 ………………………………… 106
第一节　品种培优的重要性与意义 ………………… 106
第二节　品种资源的收集与保护 …………………… 109
第三节　品种选育与改良技术 ……………………… 112
第四节　品种推广与应用 …………………………… 115

第十章　农产品品质提升 ………………………………… 119
第一节　农产品品质的内涵与评价指标 …………… 119
第二节　农产品品质提升的关键环节 ……………… 121
第三节　农产品品质提升的技术与方法 …………… 124
第四节　农产品品质提升的市场机制 ……………… 128

第十一章　农产品品牌建设 ……………………………… 131
第一节　品牌定位与规划 …………………………… 131
第二节　品牌塑造与推广 …………………………… 134
第三节　品牌维护与提升 …………………………… 137
第四节　品牌塑造与质量安全的融合 ……………… 140

主要参考文献 ……………………………………………… 143

第一章 农产品质量安全影响因素

第一节 产地环境因素

一、土壤质量影响因素

（一）土壤肥力关键指标

土壤肥力是农产品产量与品质的关键，核心指标包括有机质含量、氮磷钾等大量元素及中微量元素。有机质含量高的土壤保水保肥能力强，适合蔬菜等作物生长。氮、磷、钾的需求因作物生长阶段而异，如小麦拔节期需要大量氮肥，果树开花结果期需要磷肥。中微量元素如钙、镁、锌等虽需求量少，但作用关键，缺硼会导致油菜花而不实。通过精准施肥，维持土壤肥力均衡，确保农产品优质高产。

（二）土壤污染来源分析

土壤污染主要来自工业、农业和生活污染。工业排放的重金属如铅、汞等通过大气沉降、污水灌溉等途径污染土壤。农业面源污染如过量施肥、农药残留，导致土壤酸化、板结。畜禽养殖废弃物未经处理也会引发土壤富营养化。生活污水和垃圾中的有害物质渗入土壤，破坏土壤结构与生态功能，多种污染源交织，给土壤质量带来严峻挑战。

二、水源状况及污染因素

（一）灌溉水源类型

灌溉水源包括地表水、地下水和雨水集蓄。地表水如河流、湖泊、水库水广泛应用于农田灌溉，但水质受人类活动影响较大。地下水在干旱地区发挥关键作用，但过度开采易引发地下水位下降。雨水集蓄利用在缺水地区崭露头角，通过修建水窖、蓄水池收集雨水，用于灌溉庭院蔬菜、果树等。

（二）水污染物质识别

灌溉水中的污染物质包括有机物、氮素化合物、重金属和农药残留。化学需氧量（COD）与生化需氧量（BOD）是衡量水中有机物含量的重要指标。氨氮、硝酸盐氮等氮素化合物过量会导致土壤板结，影响作物生长。重金属如汞、镉等通过工业废水进入灌溉水，危害农产品安全。农药残留通过农田退水流入灌溉水源，影响周边农田。

（三）水源保护措施要点

水源保护须划定保护区，加强水质监测，控制农业面源污染，推广生态种植与养殖模式，减少化肥、农药使用。同时，强化工业污染监管，确保废水达标排放，多管齐下，筑牢水源保护屏障。

三、大气环境对农产品质量的影响

（一）有害气体污染危害

大气中的有害气体如二氧化硫、氮氧化物、氟化物等威胁农产品质量安全。二氧化硫形成酸雨，侵蚀土壤，降低作物品质。氮氧化物形成光化学烟雾，破坏作物叶片结构，降低产量。氟化物积累在植物叶片，造成叶片坏死，影响农产品品质。

（二）气候变化影响机制

气候变化导致气温升高、降水模式改变、极端气候事件增多，影响农作物生长环境与节律。气温升高缩短或延长作物生育期，降水不均加剧干旱与洪涝，极端气候事件如暴雨、冰雹等瞬间破坏力强，打乱农业生产节奏。

(三) 空气质量改善与农产品

空气质量改善降低有害气体浓度，减轻酸雨、光化学烟雾等危害，提升农产品品质。负氧离子浓度增加促进作物光合作用，提高农产品营养价值与保鲜期。空气质量改善还利于有益昆虫繁衍，提高农作物授粉率，提升产量与品质。

第二节　农业投入品因素

一、化肥使用及过量风险

(一) 化肥种类及特性

化肥种类丰富，氮肥如尿素、碳酸氢铵，磷肥如过磷酸钙、钙镁磷肥，钾肥如氯化钾、硫酸钾，以及复合肥。尿素含氮量高，适合多种施肥方式，促进作物生长；碳酸氢铵成本低，适合小麦等作物前期施肥。过磷酸钙水溶性强，能快速补充磷元素；钙镁磷肥则适用于酸性土壤，改良土壤结构。氯化钾价格低，但忌氯作物需慎用；硫酸钾适用范围广，适合水果、蔬菜等经济作物。复合肥养分全面，简化施肥流程，满足不同作物需求。

(二) 过量施肥危害表现

过量施肥对农产品质量安全和生态环境危害巨大。长期过量施用氮肥会导致土壤酸化、板结，降低土壤肥力，影响根系生长，如大棚蔬菜区因过量施氮导致土壤硬化、产量下降。磷肥过量会与土壤中的铁、铝、钙等结合，形成难溶性磷酸盐，阻碍微量元素吸收，引发作物缺素症。钾肥过量则破坏土壤离子平衡，影响钙、镁吸收，降低果实品质。此外，过量施肥还会加剧水体富营养化，导致藻类繁殖，引发生态灾害，威胁渔业生产。

(三) 合理施肥技术推广

为解决过量施肥问题，合理施肥技术应运而生。测土配方施肥通过土壤检测和专家经验，制订个性化施肥方案，精准补给养分，提高肥料利用率。平衡施肥技术根据作物生长阶段需求，合理调整施肥配比，确保作物健壮生长。新型施肥方式如滴灌施肥、水肥一体化技术，借助滴灌系统精准输送养分，节水节肥，提高肥料利用效率30%~50%，在设施农业中广泛应用。同时，通过培训和示范，普及合理施肥知识，提升农民科学施肥意识。

二、农药种类与残留隐患

(一) 农药分类及用途

农药按防治对象分为杀虫剂、杀菌剂、除草剂、杀鼠剂和植物生长调节剂。在杀虫剂中，有机磷杀虫剂如敌百虫，拟除虫菊酯类如溴氰菊酯，分别用于防治咀嚼式害虫和棉花、果树害虫。在杀菌剂中，波尔多液用于预防葡萄霜霉病，多菌灵用于防治小麦赤霉病。在除草剂中，精喹禾灵用于大豆、花生田除草，草甘膦用于果园清园。杀鼠剂如溴敌隆通过毒饵诱杀老鼠。植物生长调节剂如赤霉素用于调节作物生长，乙烯利用于香蕉等水果催熟。

(二) 农药残留检测难点

农药残留检测面临诸多挑战。农药品种繁杂，化学结构和性质差异大，检测方法须具备广泛适用性和高灵敏度。农产品基质复杂，糖类、蛋白质等成分会干扰检测信号，须优化提取净化方法。残留限量标准日益严格，检测仪器精度须更高。田间用药情况复杂，残留分布不均，增加抽样难度，须综合运用多种检测方法，确保农产品质量安全。

(三) 绿色农药发展方向

绿色农药是未来发展方向。生物农药如苏云金杆菌，利用生物活体或代谢产物防治害虫，对环境友好。植物源农药如印楝素，天然无毒，提升农产品品质。基因工程农药通过基因编辑改造微生物或植物，使其产生抗虫、抗病物质。智能型农药能根据环境条件自动释放有效成分，精准打击病虫害，减少浪费与污染，为农产品质量安全提供保障。

三、兽药规范使用要点

(一) 兽药种类与适用病症

兽药种类丰富，抗菌药物如阿莫西林用于治疗呼吸道感染，氨基糖苷类如硫酸庆大霉素用于防治肠道疾病。抗寄生虫药物如阿苯达唑和伊维菌素，分别用于驱除肠道寄生虫和体外寄生虫。抗病毒药物如黄芪多糖增强免疫力，辅助治疗病毒性疾病。解热镇痛药如安乃近用于缓解发热症状，激素类药物如地塞米松用于抗炎抗过敏。精准用药是保障畜禽健康的关键。

(二) 兽药残留防控重点

兽药残留防控是保障农产品质量安全的核心。严格控制兽药使用剂量，规范用药疗程，加强休药期管理，防止药物在畜禽体内过量蓄积，确保疾病治愈的同时，降低残留风险，保障消费者健康。

(三) 休药期执行监督

强化休药期监督是保障兽药规范使用的重要手段。监管部门通过日常巡查、抽检、查阅养殖档案等方式，严格检测兽药残留，对违规行为严肃处理。同时，加强宣传教育，鼓励公众监督，形成全社会齐抓共管的良好氛围，确保上市畜禽产品符合质量安全标准。

四、饲料添加剂影响考量

（一）添加剂种类功能介绍

饲料添加剂种类繁多，营养性添加剂如维生素 A、维生素 D、维生素 E、维生素 K 及 B 族维生素，矿物质添加剂如钙、磷、铁、锌，氨基酸添加剂如赖氨酸、蛋氨酸，分别满足畜禽生长发育需求。非营养性添加剂如防霉剂、抗氧化剂、促生长剂、酶制剂等，通过不同机制促进畜禽生长，提高饲料利用率，保障饲料品质，为畜牧业发展提供支持。

（二）非法添加剂甄别

非法添加剂如瘦肉精、苏丹红、三聚氰胺等，危害极大。通过高效液相色谱法、酶联免疫吸附法、液相色谱-质谱联用技术等检测手段，严格甄别非法添加剂，杜绝其流入市场，从源头保障饲料质量安全。

（三）添加剂安全用量标准

严格遵循添加剂安全用量标准是保障畜禽健康的关键。不同添加剂在不同畜禽品种、生长阶段有精准用量要求。如金霉素在仔猪阶段用量为 75~150 克/吨饲料，育肥猪阶段降低至 25~50 克/吨饲料；维生素 D 在肉用仔鸡前期用量为 200 万~250 万国际单位/吨饲料，后期降低至 150 万~200 万国际单位/吨饲料。精准把控用量，确保畜禽健康成长。

（四）无抗饲料研发趋势

无抗饲料成为畜牧业发展新趋势。植物提取物如迷迭香提取物具有抗氧化、抗菌功效，益生菌制剂如芽孢杆菌、乳酸菌调节肠道菌群平衡，益生元如低聚糖促进有益菌增殖，协同维护肠道健康，提升畜禽免疫力，为农产品质量安全和畜牧业可持续发展开辟新路径。

第三节 生产技术与管理因素

一、种植养殖技术革新影响

（一）新品种培育技术突破

新品种培育技术为农业发展注入强大动力，推动农产品质量飞跃。传统育种方法与现代生物技术深度融合，加速优良品种诞生。杂交育种仍是基石，袁隆平团队选育高产杂交水稻，使产量屡创新高。分子标记辅助育种精准定位目标基因，如在小麦抗锈病育种中减少农药使用，提升品质。基因编辑技术开启精准育种新纪元，如培育耐盐碱水稻，拓展耕地资源。这些技术突破让农产品在产量、品质、抗性等方面实现跃升，满足消费者与农业发展需求。

（二）设施农业技术优势

设施农业为农业现代化提供全方位保障，显著提升农产品质量。温室大棚精准调控温湿度、光照等环境因素，如在冬季蔬菜种植中，采用新型塑料薄膜和保温被，确保棚内温度适宜，蔬菜鲜嫩脆甜。智能灌溉系统依土壤墒情自动供水，如在花卉种植中，滴灌系统精准补水，延长花期。无土栽培技术摆脱土壤束缚，水培蔬菜通过营养液供给养分，可缩短生菜生长周期且无农药残留；基质栽培为草莓营造良好环境，果实个大味甜。设施农业打破自然条件限制，四季产出高品质农产品。

（三）生态养殖模式创新

生态养殖模式创新为畜禽、水产养殖可持续发展保驾护航。在畜禽养殖中，林下养鸡利用林下空间，鸡群自由采食青草、昆虫，减少饲料投喂，同时鸡粪为林地施肥，实现双赢。在水产养殖中，稻鱼共生模式成效显著，鱼捕食害虫、杂草，排泄物为水稻增肥，减少农药、化肥使用，收获优质稻谷与生

态鱼。循环水养殖系统通过物理过滤、生物净化等环节处理养殖废水，降低换水率，减少外源污染，为鱼类生长创造优良环境，产出的水产品肉质鲜嫩、无异味。

(四) 数字化管理技术赋能

数字化管理技术为农业生产装上"智慧大脑"，精准提升农产品质量。物联网技术广泛应用，田间、养殖场部署传感器，实时采集环境数据并传输至云端平台，如养猪场利用氨气传感器监测空气质量，自动通风系统保障猪群健康。大数据分析挖掘海量数据价值，依据历年气象、土壤、作物生长数据，预测病虫害发生、农产品产量与品质趋势，如在葡萄种植中精准预判采摘期，确保葡萄成熟度最佳。卫星遥感助力农业宏观管理，监测大面积农田作物长势、旱涝灾害，为精准施策提供依据，让农业生产从经验走向精准科学。

二、人员操作规范管理

(一) 种植养殖人员培训

种植养殖人员培训是农产品质量安全的根基，提升从业者素质技能至关重要。理论知识培训先行，邀请专家讲授作物生长原理、畜禽养殖生理特性，如在蔬菜种植培训中，讲解不同蔬菜对光照、温度的需求，让农户明白为何夏季高温须遮阳降温，冬季低温要保温增光；在养殖培训时，阐述动物营养需求、疫病防控基础知识，为科学养殖奠基。实操技能培训紧跟其后，田间地头手把手教农户播种、施肥、修剪等操作，以果树修剪为例，培训人员示范如何依据树龄、品种修剪树枝，培养树形，促进光合作用与果实发育；养殖实操培训涵盖疫苗接种、饲料调配，如教养殖户如何正确给鸡接种禽流感疫苗，确保免疫效果，降低疫病风险。通过系统培训，让从业者成为农产品质量的守护先锋。

（二）操作规程标准化制定

操作规程标准化是农产品质量稳定的保障，贯穿生产全程。种植环节，从种子处理、播种深度、施肥量到病虫害防治、采收标准，皆有精细规范。如玉米种植，播种深度依土壤质地定，沙壤土 3~5 厘米，黏壤土 2~4 厘米，确保出苗整齐；施肥依据土壤肥力测试，亩（1 亩 ≈ 667 米^2）施氮肥 15~20 千克、磷肥 5~8 千克、钾肥 8~10 千克，精准补给养分；病虫害防治按监测预警，达到防治指标，选用低毒农药，严格控制剂量、施药方法与安全间隔期。养殖领域，畜禽舍建设标准、饲养密度、饲料投喂量、兽药使用规范明确，如蛋鸡养殖，每平方米饲养 5~8 只，依据产蛋阶段调配饲料营养，高峰期蛋白质含量 18%~20%，用药严格遵循休药期规定。标准化操作减少人为误差，保障农产品一致性、高质量。

（三）人员违规操作案例

种植中，农药滥用频发，部分农户为快速杀虫，超剂量、超范围使用高毒农药，如在蔬菜种植时用禁用的甲胺磷防治蚜虫，导致蔬菜农药残留严重超标，危害消费者健康，引发市场信任危机；施肥违规也常见，盲目追施氮肥，造成土壤酸化、板结，农产品品质下降。养殖环节，违规使用兽药突出，为防治疫病，超剂量使用抗生素，或在休药期违规销售产品，如某猪场在猪出栏前一周还使用恩诺沙星，致使猪肉兽药残留超标；饲料投喂不规范，随意更改饲料配方、投喂变质饲料，导致畜禽生长不良、产品质量受损。这些违规案例敲响警钟，凸显规范管理的紧迫性。

（四）人员激励机制建设

经济激励直接有力，对严格遵循标准、产出优质农产品的种植户、养殖户给予补贴、奖金，如某地对有机农产品种植户，按亩补贴 500~1 000 元，激励农户绿色生产；对养殖企

农产品质量安全与品牌建设

业，依据产品质量检测结果，优质产品给予价格补贴，促其提升质量管控。荣誉激励激发从业者荣誉感，评选"农产品质量安全示范户""最美养殖户"等，颁发荣誉证书、宣传报道，如每年评选100名蔬菜种植示范户，通过媒体宣传其经验做法，带动周边农户效仿。职业晋升激励为从业者规划成长路径，农业企业为优秀员工提供晋升机会，从基层技术员到生产主管，让其在追求质量提升中实现自身价值。多维度激励机制激发人员守护农产品质量的热情。

第四节 流通与销售因素

一、运输途中保鲜难题

（一）保鲜包装材料选择

保鲜包装材料是农产品运输保鲜的关键。气调包装通过特殊薄膜调节气体成分，抑制果蔬呼吸作用，如草莓用透气性良好的气调包装，可延长保鲜期3~5天。真空包装则通过减少氧气接触抑制微生物生长，适用于肉类、水产品等易腐食品，如鲜切牛肉真空包装后，货架期可延长至7~10天。新型保鲜材料如纳米保鲜袋，能吸附乙烯气体，延缓果蔬成熟衰老，保持果实硬度与色泽，为农产品运输提供更可靠的保鲜保障。

（二）温控设备故障排除

温控设备是冷链运输的核心，其故障会导致农产品品质受损。冷藏车制冷机组常见故障须及时排查，如制冷量不足时，须检查制冷剂液位并按规定充注，同时清洗冷凝器散热片，恢复制冷效率。对于温度传感器故障，可通过校准工具重新校准或更换同型号传感器。使用冰袋、蓄冷板等温控辅助设备时，要确保其有效期与蓄冷能力，如冰袋须在-18℃冷冻24小时后使用，运输途中发现冰袋融化过快，须及时更换，确保全程

温度稳定。

(三) 运输震动损伤防控

运输震动易造成农产品机械损伤, 影响品质与货架期。对于娇嫩果蔬, 采用缓冲包装至关重要, 如樱桃、葡萄可使用泡沫网套、蜂窝纸板等缓冲材料, 减少果实间碰撞摩擦。在运输设备选择上, 优先选用减震性能好的车辆, 其悬架系统可吸收60%~80%震动能量。同时, 合理规划运输路线, 避开路况差和施工路段, 利用卫星导航与路况监测软件, 实时优化路线, 确保运输平稳, 减少震动对农产品的破坏。

二、仓储温湿度控制

(一) 不同农产品仓储温湿度标准

不同农产品的仓储温湿度要求各异。粮食作物如小麦、稻谷, 常温仓储温度宜控制在15~25℃, 相对湿度50%~70%, 以抑制霉菌、害虫生长。生鲜果蔬如苹果冷藏温度0~4℃, 湿度90%~95%, 香蕉须恒温12~14℃、湿度85%~90%。肉类、禽蛋, 猪肉冷藏温度0~4℃, 牛肉-1.5~0℃, 禽蛋常温库湿度70%~80%, 温度15~20℃。精准调控温湿度是仓储保鲜的关键, 不同农产品须根据特性设置适宜的仓储条件。

(二) 温湿度调控设备维护

温湿度调控设备的正常运行是仓储保障的基石。空调系统须定期更换空气滤网, 每1~3个月清洗或更换1次, 避免灰尘积聚影响制冷制热与空气流通。加湿器、除湿器要定期清理水垢、检查排水管道是否畅通, 每月校准湿度传感器。制冷设备如压缩机、冷凝器等, 须定期巡检, 查看制冷剂泄漏、压力异常等情况, 每年至少进行1次全面保养, 确保制冷稳定高效, 为农产品仓储营造适宜的温湿度环境。

(三) 仓储环境监测频率

仓储环境监测频率关乎农产品安危。常温仓储的干货农产

品，如干辣椒、木耳等，每日至少巡查两次，重点监测仓库角落、底部等湿度易聚集区域。生鲜农产品冷藏库监测须更密集，每2~3个小时查看1次温度、湿度，利用自动化监测系统实时采集数据，一旦温度波动超过设定范围±0.5℃、湿度偏差±3%，立即报警。在季节交替、极端天气前后，加密监测频次，提前应对环境变化，保障农产品仓储安全。

第二章 农产品质量安全标准

第一节 农产品质量安全标准概述

一、农产品质量安全标准的定义与内涵

（一）标准的定义

农产品质量安全标准是指为保障农产品的质量和安全性，对农产品的生产、加工、储存、运输和销售等环节所制定的技术规范和要求。这些标准包括对农产品的感官品质、营养成分、有害物质限量、包装标识等方面的具体规定，旨在确保农产品符合消费者健康要求。

（二）标准的内涵

标准不仅涵盖农产品的最终质量要求，还涉及生产过程中的技术操作规范。例如，良好农业规范（Good Agricultural Practice，GAP）要求生产者在种植、养殖过程中合理使用农药、化肥，确保农产品源头安全。同时，标准还包括对加工过程的卫生要求，如食品加工企业的良好生产规范（Good Manufacturing Practice，GMP），确保加工环节不引入新的污染。

（三）标准的范畴

农产品质量安全标准覆盖从农田到餐桌的全过程。从种植业的土壤、水源质量，到畜牧业的饲料、兽药使用，再到水产品的养殖环境，标准都有明确要求。此外，标准还延伸到农产品的包装、标识和运输环节，确保产品在流通过程中保持质量

安全。

二、农产品质量安全标准的分类与特点

(一) 农产品质量安全标准的分类

农产品质量安全标准可按不同依据划分多种类型。按适用范围分，国家标准具权威性，行业标准补充，地方标准凸显地域特色，企业标准则依企业需求定制。按内容分，质量标准规范农产品外观、口感等，安全标准聚焦农药残留、重金属含量等安全指标，卫生标准规定微生物限度等卫生要求。这些分类全面覆盖农产品质量安全各维度，为监管与生产提供详尽规范。

(二) 农产品质量安全标准的特点

农产品质量安全标准具备显著特点。科学性是其基石，基于大量实验与数据分析制定指标。权威性源于制定主体多为权威机构，如国家标准化管理委员会。规范性体现为涵盖农产品生产、加工、包装等全流程，明确各环节要求。可操作性则确保标准能被一线生产者与基层监管人员理解和执行，推动标准落地实施。

(三) 标准对农产品质量安全的保障作用

农产品质量安全标准发挥关键保障作用。规范生产行为，使生产者依标准操作，如规定农药使用安全间隔期，避免农药残留超标。提供质量依据，为农产品质量判定提供明确指标，如规定水果甜度、硬度标准。保障消费者健康，严格限制有害物质含量，如设定重金属镉在稻米中的限量，守护消费者健康。

第二节　农产品质量安全标准的主要内容

一、质量指标

(一) 外观品质

外观品质是农产品质量的重要组成部分，直接影响消费者的购买意愿。外观品质包括颜色、形状、大小、表面光滑度等方面。例如，新鲜的苹果应色泽鲜艳、形状端正、表面光滑无瑕疵；蔬菜应颜色鲜绿、叶片完整、无黄叶和病虫害。良好的外观品质不仅提升了农产品的市场竞争力，还能在一定程度上反映其生长环境和生产过程的管理水平。通过严格控制外观品质，可以有效筛选出优质农产品，保障消费者的权益，同时促进农产品市场的健康发展。

(二) 营养成分

营养成分是衡量农产品质量的核心指标之一，直接关系农产品的营养价值。农产品中的营养成分主要包括蛋白质、脂肪、碳水化合物、维生素和矿物质等。例如，谷物富含碳水化合物，是人体能量的主要来源；肉类和豆类富含蛋白质，有助于人体组织的修复和生长；水果和蔬菜富含维生素和矿物质，有助于维持人体的正常生理功能。不同种类的农产品在营养成分上各有侧重，通过科学的种植和养殖技术，可以优化农产品的营养成分含量，提高其营养价值。同时，营养成分的检测也是农产品质量检测的重要环节，确保消费者能够获得健康、营养的农产品。

(三) 感官特性

感官特性是指农产品通过视觉、嗅觉、味觉和触觉等感官所感知的特性。这些特性直接影响消费者的购买决策和食用体验。例如，新鲜的水果通常具有浓郁的果香，口感清脆多汁；

新鲜的肉类具有自然的肉香，质地紧实有弹性。感官特性的评价通常由专业的感官评价员进行，他们通过标准化的评价方法，对农产品的气味、口感、质地等进行综合评估。良好的感官特性不仅能够提升消费者的满意度，还能在一定程度上反映农产品的新鲜度和品质。通过感官特性的控制，可以有效筛选出优质农产品，保障消费者的食用体验。

二、安全指标

（一）农药残留限量

农药残留限量是农产品质量安全的重要指标之一。在农业生产中，农药的使用是控制病虫害、保障农作物产量的重要手段，但过量使用或不当使用农药可能导致农药残留超标，对人体健康造成危害。因此，各国都制定了严格的农药残留限量标准，规定了农产品中允许残留的农药种类和最大残留限量。例如，我国的《食品安全国家标准 食品中农药最大残留限量》（GB 2763—2021）详细规定了 564 种农药在 376 种（类）食品中的 10 092 项残留限量。通过严格的检测和监管，确保农产品中的农药残留符合国家标准，保障消费者的健康安全。

（二）重金属限量

重金属污染是农产品质量安全的重要隐患之一。常见的重金属包括铅、镉、汞、砷等，这些重金属在环境中具有持久性和生物累积性，容易通过食物链进入人体，对人体健康造成严重危害。因此，各国都制定了严格的重金属限量标准，规定了农产品中重金属的最大允许含量。例如，我国规定了不同农产品中重金属的限量标准，如水稻中镉的限量为 0.2 毫克/千克。通过严格的检测和监管，确保农产品中的重金属含量符合国家标准，保障消费者的健康安全。

（三）微生物限量

微生物限量是农产品质量安全的重要指标之一，特别是对于生鲜农产品和加工食品。微生物污染可能导致农产品变质、腐败，甚至引发食源性疾病。因此，各国都制定了严格的微生物限量标准，规定了农产品中允许存在的微生物种类和数量。例如，我国的《食品安全国家标准　鲜（冻）畜、禽产品》（GB 2707—2016）规定了鲜（冻）畜、禽产品中菌落总数、大肠菌群等微生物的限量标准。通过严格的检测和监管，确保农产品中的微生物含量符合国家标准，保障消费者的健康安全。

（四）添加剂使用规范

食品添加剂在农产品加工和储存过程中被广泛使用，用于改善产品的口感、色泽、保质期等。然而，不当使用食品添加剂可能对人体健康造成危害。因此，各国都制定了严格的添加剂使用规范，规定了食品添加剂的使用原则和限量。例如，我国的《食品安全国家标准　食品添加剂使用标准》（GB 2760—2024）详细规定了各类食品添加剂的使用范围和最大使用量。通过严格的检测和监管，确保农产品中的添加剂使用符合国家标准，保障消费者的健康安全。

第三节　标准体系架构及标准化生产

一、国家标准层级梳理

（一）强制标准核心要点

强制标准是农产品质量安全的"坚固盾牌"，具有权威性和不可逾越性。例如，农药残留限量标准明确规定了各类农产品中允许残留的农药种类及最大限量值，如毒死蜱在叶菜类蔬菜中的残留量不得超过 0.05 毫克/千克。食品添加剂使用标准同样严格，规定了添加剂的使用范围、最大使用量及残留量，如人工合成色素苋菜红在果汁饮料中的使用被严格限制，成品中残留量不得高于0.05克/千克。这些强制标准为农产品质量安全划定了明确红线,从源头保障消费者健康。

(二) 推荐标准适用范围

推荐标准作为国家标准的重要补充,具有广泛的适用性和引导性。例如,绿色食品生产技术操作规程涵盖了从土壤改良、施肥用药到收获储藏的全流程操作建议。在种植绿色蔬菜时,推荐使用有机肥进行土壤培肥,每茬蔬菜种植前亩施腐熟有机肥2 000~3 000千克,减少化学肥料带来的污染风险。在病虫害防治环节,倡导优先采用物理防治和生物防治手段,如悬挂黄板诱捕蚜虫、释放捕食螨控制害螨。这些推荐标准虽不具强制力,但能有效提升农产品品质,满足市场对绿色、优质农产品的需求。

(三) 基础标准涵盖内容

基础标准是农产品质量安全标准体系的基石,为整个体系提供底层支撑。术语定义标准统一了行业"语言",例如明确界定"有机农产品"的概念,规定其生产过程必须遵循严格的有机农业生产体系,不使用化学合成农药、化肥、生长调节剂等。抽样检验方法标准至关重要,如农产品农药残留抽样,详细规定了抽样的数量、方法、样本保存条件等,确保检测样本的代表性与有效性。基础标准保障了整个质量标准体系的科学性与严谨性。

(四) 产品标准分类明细

产品标准依据农产品种类细分,精准规范各类产品质量特性。粮食作物产品标准中,小麦国家标准详细规定了容重、不完善粒、面筋含量等关键指标,如制作面包需高面筋含量小麦,其面筋含量应不低于30%,容重不低于770克/升。水果产品标准同样精细,苹果分级标准依据果径、色泽、硬度、糖度等指标将苹果分为特级、一级、二级等多个等级,特级果要求果径80毫米以上、色泽鲜艳均匀、硬度适中、糖度15%以上。不同农产品产品标准各有侧重，全方位把控产品质量。

二、行业生产标准覆盖领域

（一）种植业行业生产标准详解

种植业行业标准精细到各类作物生长的每一环节。种子质量标准方面，水稻种子标准规定了发芽率、纯度、净度等关键指标，如常规水稻种子发芽率不得低于85%，纯度不低于99%。栽培技术规程标准针对不同作物量身定制，以设施蔬菜栽培为例，详细规范了温室建造参数，如温室透光率应不低于60%，冬季夜间保温性能良好，内部温度能维持在蔬菜生长适宜区间；在种植密度上，叶菜类蔬菜每平方米种植20~30株，果菜类依据品种每平方米5~10株。施肥灌溉环节，依据蔬菜生长阶段精准调控，苗期少施氮肥，结果期增加磷钾肥，遵循标准种植，蔬菜品质、产量双提升。

（二）畜牧业行业生产规范聚焦

畜牧业行业规范聚焦畜禽养殖全流程精细管控。养殖场建设标准涵盖选址、布局、设施配备等多方面，如猪场选址应远离居民区、交通要道等污染源，地势高燥、通风良好；猪舍内部布局合理，划分生活区、生产区、隔离区等，配备自动喂料、饮水、清粪系统。饲料营养标准依据畜禽生长阶段精准调配，仔猪饲料粗蛋白含量前期须达到20%~22%，后期逐渐降低至18%~20%；育肥猪饲料注重能量与蛋白质平衡。疫病防控标准严格细致，如家禽养殖场针对禽流感防控，要求定期接种疫苗，监测抗体水平，养殖人员进出严格消毒，一旦发现疫情，立即启动封锁、扑杀、无害化处理等应急措施，确保畜禽健康，肉蛋奶产品安全。

（三）渔业行业生产标准要点

渔业行业标准守护水域与水产品质量安全。水质标准是渔业生产根基，淡水养殖池塘水质要求溶氧含量不低于5毫克/升，pH值维持在7~8.5，氨氮含量不超过0.5毫克/升。苗种质量标准严格把关，如草鱼苗种要求规格整齐，体长5~10厘米，体质健壮、无畸形、无病害，投放前经严格检疫。养殖模式规范多样，池塘循环水养殖模式要求建立完善的水净化系统，养殖废水经沉淀、过滤、生物处理后循环利用，减少换水率80%以上，既节约水资源，又降低外源污染，产出的水产品肉质鲜嫩、无异味。

（四）农产品加工生产行业准则

农产品加工行业准则保障加工产品质量稳定、安全。加工工艺规范精细到每道工序，以水果罐头加工为例，原料清洗环节要求采用多道喷淋清洗、气泡清洗结合，去除表面农药残留、杂质；去皮去核工序，依据水果品种、成熟度精准控制去皮厚度、去核完整性；罐装环节，严格控制顶隙、真空度，如黄桃罐头顶隙控制在6~8毫米，真空度不低于0.03兆帕。食品包装材料标准严格筛选，直接接触食品的包装材料必须符合卫生标准，如塑料包装材料须通过迁移试验，确保在保质期内无有害物质迁移至食品中，保障消费者食用安全。

三、地方标准特色融合

（一）地域气候适应性标准

地域气候适应性标准充分考量地方特殊气候因素。在北方高寒地区，蔬菜种植地方标准大幅提升温室大棚保温性能要求，墙体厚度增加至1~1.5米，采用双层保温被覆盖，确保棚内夜间温度能维持在蔬菜耐寒临界温度以上。南方高温多雨地区，水稻种植标准针对汛期雨水多、易倒伏问题，推荐种植抗倒伏品种，合理密植，加强田间排水系统建设，要求稻田沟深0.3~0.5米，同时在水稻灌浆期，依据高温天气调整灌溉策略，采用日灌夜排方式，降低田间温度，减少高温逼熟风险,确保水稻产量与品质。

(二) 土壤特质关联标准

土壤特质关联标准紧密结合地方土壤特性优化农产品生产。在东北黑土区,大豆种植地方标准充分利用土壤肥沃、富含有机质的优势,推荐采用免耕、少耕技术,保护土壤结构,减少水土流失,种植密度依据土壤肥力适当增加,每亩保苗1.5万~2万株,充分发挥土壤肥力,产出优质高蛋白大豆。南方酸性红壤区,茶叶种植标准针对土壤酸度高、肥力低的特点,指导茶农改良土壤,播前亩施石灰100~150千克调节酸度,增施有机肥提高肥力,种植茶树品种选择耐酸品种,如福鼎大白茶,依据土壤特质精准施策,提升茶叶品质。

(三) 地方民俗特色体现

地方民俗特色融入农产品标准,赋予产品文化内涵。在云南傣族地区,糯米粑粑是传统美食,当地农产品标准结合民俗,规范糯米品种选用当地优质香糯品种,加工工艺传承古法,采用手工舂制,确保粑粑口感软糯、香气浓郁,在包装上融入傣族文化元素,如傣锦图案,推向市场,既满足味蕾又传递文化。浙江嘉兴粽子产业地方标准围绕当地端午习俗,规定原料选用优质糯米、新鲜五花肉、咸蛋黄等,制作工艺严守传统包法,四角粽型饱满,煮熟后粽叶清香、米肉交融,打造地方特色品牌。

(四) 特色农产品专项标准

特色农产品专项标准助力地方瑰宝走向世界。以新疆库尔勒香梨为例,专项标准涵盖种植、采收、包装全流程。种植标准依据当地气候、土壤精细调控,要求果园海拔800~1 200米,年日照时数2 800~3 000小时,授粉树配置比例1∶4。

 农产品质量安全与品牌建设

第四节 农产品质量安全标准的实施与监督

一、标准实施的主体与责任

(一) 农产品质量安全标准的实施主体

农产品质量安全标准的实施主体多元且明确。首先是农产品的生产者,包括广大农民以及各类农业生产企业,他们处于源头位置,须依标准开展种植、养殖等活动。其次是农产品的经营者,像收购、储存、运输以及销售农产品的商家与企业,负责保障流通过程中产品持续达标。此外,政府相关监管部门也深度参与,监督引导各方依标准行事,共同维护农产品质量安全防线,促使标准落地生根,切实保障消费者"舌尖上的安全"。

(二) 主体的责任与义务

农产品质量安全标准的主体责任与义务清晰且重大。生产者要严格按标准选用农资、管控生产环境、规范农事操作,确保产出农产品基础达标,同时做好生产记录备查。经营者则须严把收购关,杜绝不符合标准产品流入,妥善储存运输,避免二次污染,并如实向消费者提供产品信息。政府监管部门肩负制定细则、宣传培训、监督巡查重任,对违规行为严肃查处,为标准实施保驾护航,各主体各司其职,全方位守护农产品质量安全。

二、标准实施的流程与方法

(一) 前期准备

标准实施前期准备工作至关重要。一方面,要组织专业人员深入研读标准条文,精准把握各项指标内涵与要求,结合本地农产品生产实际,制定详细可行的落地细则与操作手册。另

一方面，开展大规模培训活动，面向生产者、经营者详细讲解标准内容，通过理论授课、实地演示等方式，让他们熟悉具体操作流程，同时准备好实施过程中所需的检测设备、农资等物资，确保标准实施能顺利起步，为后续工作筑牢根基。

（二）实施步骤

标准实施的具体步骤环环相扣。先是生产环节，生产者依据标准选用优质种子种苗，科学施肥用药，严格把控灌溉、温度等环境条件，按要求采摘收获。接着进入加工环节，加工企业按照标准规范清洗、分拣、包装流程，确保加工环境洁净卫生，设备定期消毒校验。随后在流通环节，经营者做好农产品的储存温湿度管理，运输途中防挤压、变质，销售时明示产品产地、质量等级等信息，各环节紧密衔接，保障农产品全程符合质量安全标准。

（三）技术指导与支持

标准实施过程中技术指导与支持不可或缺。政府设立专门技术咨询热线，安排专家在线解答生产者、经营者遇到的疑难问题。组织技术团队深入田间地头、生产加工车间，实地查看指导，针对不符合标准的情况现场提出整改方案。同时，搭建产学研合作平台，鼓励科研机构与企业合作，研发新技术、新工艺助力标准实施，定期举办技术交流会分享先进经验，全方位保障标准实施不走样，推动农产品质量安全水平稳步提升。

三、监督机制与保障措施

（一）监督体系的构建

监督体系构建是保障农产品质量安全标准实施的关键。纵向建立从中央到地方各级政府监管部门的层级监督架构，上级部门定期对下级工作开展考核评估，确保监管压力层层传导。横向整合农业、市场监管、卫生等多部门力量，形成跨部门协同监管机制，各部门依据职能分工，对农产品生产、加工、流通等全链条实施无缝监管,同时引入社会监督力量,鼓励公众举报违规行为,全方位织密监督网络,让问题产品无处遁形。

(二)监督方式与手段

监督方式与手段丰富多样。日常监督中,监管部门采取不定期巡查、抽检方式,深入生产一线、市场摊位随机抽样检测等方式,及时发现问题。专项检查针对特定农产品、高发问题季节等集中发力,如农药残留专项整治,集中力量严厉打击违规使用高毒农药行为。借助现代信息技术,利用大数据平台收集分析农产品质量数据,实现精准监管,同时推广农产品质量安全追溯系统,让消费者扫码即可查询产品全程信息,倒逼生产经营者规范执行标准,提升监督效能。

(三)违规行为的处理与处罚

对于农产品质量安全标准违规行为,秉持零容忍态度严肃处理。一经查实,监管部门依法依规对违规主体给予严厉处罚,包括没收违法所得、处以高额罚款,情节严重的吊销营业执照,涉嫌犯罪的移送司法机关追究刑事责任。同时,将违规信息纳入企业信用档案向社会公示,增加企业违法成本,警示其他生产经营者,通过严格处罚机制,维护标准权威性,保障农产品质量安全,守护消费者健康权益。

第三章 农产品生产过程中的质量安全控制

第一节 种植环节质量安全控制

一、种子种苗筛选要点

（一）品种纯度鉴定方法

品种纯度是种子种苗质量的关键指标。田间种植鉴定通过对比植株形态、生育期等特征，统计杂株数量计算纯度，如杂交水稻种子须种植 200~300 株，多次检查识别异型株，确保纯度不低于 96%。实验室鉴定则利用电泳法、DNA 分子标记技术等先进技术，精准定位基因片段，快速甄别纯度，为大规模种子生产质量把控提供有力依据。

（二）抗病虫特性筛选

筛选抗病虫特性的种子种苗是农产品安全生产的前置防线。自然诱发鉴定通过模拟田间病虫害实际发生环境，观察种苗抗性表现，如在锈病高发区种植小麦品种，依据发病程度分级评估，选取高抗品种。实验室抗性检测则通过病原菌毒素处理种苗，观察细胞反应、生理指标变化，或检测种苗体内抗病虫相关蛋白、酶活性，精准筛选抗性种苗。

（三）发芽率活力检测

发芽率与活力决定种子种苗能否顺利开启生长周期。标准发芽试验在适宜温湿度、光照条件下，观察记录发芽数，计算发芽率，一般粮食作物种子发芽率应达85%以上，蔬菜种子90%以上。活力检测则通过四唑染色法、电导率测定法等方法，综合考量种子胚部细胞活性及细胞膜完整性，活力高的种子出苗快、整齐、健壮。

（四）种子种苗溯源管理

种子种苗溯源管理是农产品质量安全追溯源头。育种企业为每批种子种苗建立详细档案，记录亲本信息、繁育地点、生产过程管控；加工包装环节标注品种名称、批次号、生产日期等信息，采用二维码、RFID等标识技术；销售流通中，经销商严格记录进货、出货渠道与数量，种植户购买时扫码获取全程信息，一旦出现质量问题，可精准回溯至生产源头。

二、种植密度合理规划

（一）不同作物种植密度参考

不同作物因生长特性各异，适配不同种植密度。粮食作物中，水稻插秧密度依据品种、土壤肥力、气候条件调整，常规粳稻每平方米25~30穴，每穴3~5株；玉米种植密度，平展型品种每公顷4.5万~5.5万株，紧凑型品种6万~7万株。蔬菜方面，叶菜类如生菜、菠菜每平方米20~30株密集种植；果菜类如番茄、黄瓜，依据支架类型、整枝方式，单干整枝番茄每平方米3~5株，双干整枝番茄每平方米2~3株。

（二）光照通风需求考量

光照通风是作物生长必需生态因子。喜光作物如向日葵、棉花，须充足光照保障光合作用，种植过密易导致枝叶遮挡，光照不足，使植株徒长、蕾铃脱落，向日葵种植行距宜60~80厘米，株距30~40厘米。通风良好能降低湿度，减少病害，如大棚蔬菜种植，合理密植结合通风设施布局，黄瓜大棚南北走向，株行距适当拉大，利于空气流通。

(三) 土壤肥力适配要点

土壤肥力水平与种植密度协同作用于作物生长。高肥力土壤养分充足，可为更多植株供能，如肥沃黑土地种植大豆，可适当密植，每平方米 15~20 株。贫瘠土壤养分有限，密植易引发植株竞争养分、水分，导致生长不良，如在沙质土壤种植小麦，须稀植，每平方米 10~15 株，同时配合施肥改良土壤。

(四) 机械化作业影响

机械化作业普及重塑种植密度规划。播种、施肥、收割等机械对行距、株距有特定要求，适应机械化的种植模式应运而生，如玉米免耕播种机作业，要求行距统一为 60~70 厘米。大型联合收割机作业通道须预留，小麦种植时，每间隔一定行数（如 10~15 行）拓宽行间距至 80~100 厘米，确保机械顺畅通行。

三、病虫害绿色防控手段

(一) 物理防治设施应用

物理防治设施为农产品撑起防护伞，阻隔、诱捕害虫。防虫网搭建是蔬菜、果树的防虫利器，依害虫体型选择孔径，20~30 目防虫网防蚜虫、蓟马等小型害虫，40~60 目防果蝇等。诱虫灯依害虫趋光性诱捕，黑光灯对鳞翅目害虫吸引力强，频振式诱虫灯诱捕范围广，每 2~3 亩安装 1 盏，夜间定时开启，灯下置水盆或毒瓶收集害虫。

(二) 生物防治天敌引入

生物防治巧用天敌制衡害虫，维护生态平衡。捕食螨防治叶螨效果显著，在草莓、柑橘等种植园，按（1∶20）~（1∶10）比例释放捕食螨，捕食螨迅速捕食叶螨，控制种群增长。赤眼蜂是玉米螟、棉铃虫等害虫的天敌，在害虫产卵期，每亩释放 1 万~2 万头赤眼蜂，蜂卵寄生于害虫卵内，抑制害虫繁殖。

(三) 生态调控环境营造

生态调控营造不利于害虫滋生、利于作物生长的环境。间作套种模式多样，玉米与大豆间作，大豆根瘤菌固氮为玉米供肥，玉米植株高大为大豆遮阴，改变田间小气候，吸引害虫天敌栖息。果园生草种草，如白三叶、黑麦草等，增加地面覆盖，调节土壤温度、湿度，为天敌昆虫提供庇护。

(四) 绿色农药精准使用

绿色农药是病虫害防控最后防线，精准使用保障效果与安全。植物源农药如苦参碱、印楝素，提取自天然植物，对害虫有胃毒、触杀作用，防治蔬菜蚜虫，在蚜虫初发期，用0.3%~0.5%苦参碱水剂800~1 000倍液喷雾。生物农药苏云金杆菌专杀鳞翅目幼虫，在幼虫低龄期，按产品说明配制药液喷雾，严格遵循用药安全间隔期。

第二节 养殖环节质量安全控制

一、种畜禽选育标准

(一) 生长性能选育指标

生长性能是衡量种畜禽优劣的关键，直接影响养殖效益。以猪为例，日增重是重要指标，优质种猪仔猪期日增重可达500~600克，育肥期日增重700~900克，通过定期称重绘制生长曲线筛选个体。料肉比也不容忽视，优良种猪全程料肉比可控制在2.5~3.0，意味着更少饲料投入换取更多瘦肉产出。此外，背膘厚度反映脂肪沉积，瘦肉型猪种背膘厚度适宜范围在15~20毫米，用超声波测膘仪定期检测，结合体长、胸围等指标，选育体格健壮、生长潜力大的种猪。

(二) 繁殖性能关键要点

繁殖性能决定种畜禽种群扩繁与持续发展能力。母猪繁殖性能聚焦产仔数、断奶仔猪数与发情周期等，经产母猪平均窝产活仔数应达 10~12 头，通过选育多胎基因品种、优化配种技术提升。断奶仔猪数反映母猪哺育能力，良好母猪 21 日龄断奶仔猪数 9~11 头，加强哺乳期饲养管理，保障乳汁分泌。家禽繁殖，母鸡的产蛋率、种蛋受精率是核心，高产蛋鸡品种高峰期产蛋率可达 90%~95%，种鸡场通过公鸡精液品质检测、优化配种比例，确保种蛋受精率 90% 以上。

（三）抗病遗传特性筛选

抗病遗传特性是种畜禽健康养殖的重要保障。遗传抗性筛选借助现代分子生物技术，识别抗病相关基因，如鸡抗马立克氏病可通过基因芯片或 PCR 技术检测特定抗病基因位点。对猪蓝耳病、圆环病毒病等，采用全基因组关联分析（GWAS）挖掘抗性基因，构建抗病品系。传统选育方法同样有效，在疫病流行区或人工攻毒环境下，观察种畜禽发病、耐受力，筛选肠道健康、抵抗力强的个体。

（四）种源追溯管理体系

种源追溯管理体系为畜禽产品质量安全"寻根溯源"。种畜禽场从引种、繁育、销售各环节记录详尽信息，引种时记录引进品种、种源地、系谱档案；繁育过程记录配种日期、亲本信息、产仔详情；销售环节为每只（头）种畜禽佩戴唯一标识，如耳标、脚环、内置芯片或二维码，承载个体信息。下游养殖企业、养殖户扫码查询种源、免疫、生长发育等全程数据，一旦产品出现质量问题，可回溯至种源，精准防控风险。

二、疫病免疫程序设定

（一）疫苗种类选择依据

疫苗种类选择依疫病流行特点、畜禽种类、养殖环境而定。针对常发疫病，如猪瘟、口蹄疫，选用国家强制免疫疫苗。地区性流行疫病，依据当地监测数据、毒株变异情况，选择匹配本地毒株的疫苗。活疫苗免疫原性强、起效快，适用于紧急免疫或幼龄畜禽首免；灭活疫苗安全性高、免疫期长，用于加强免疫。

（二）免疫接种时间节点

免疫接种时间节点需契合畜禽生长与疫病规律。仔猪母源抗体在2~3周龄逐渐衰减，猪瘟疫苗首免宜在20~25日龄。口蹄疫疫苗首免宜在45~60日龄，间隔3~4周加强免疫。家禽免疫类似，雏鸡出壳24小时内接种马立克氏病疫苗。新城疫、传染性法氏囊病疫苗依母源抗体、养殖环境在7~14日龄首免。

（三）免疫效果监测评估

免疫效果监测评估是疫病免疫的重要环节。定期采血检测抗体水平，如猪免疫口蹄疫疫苗后2~3周，采集血清用ELISA法检测抗体效价，群体抗体合格率达80%以上视为免疫合格。家禽监测禽流感、新城疫抗体，依据不同日龄、免疫次数设监测点。若抗体水平低，分析原因，调整免疫程序、疫苗种类或接种方式。

第三节　农业生产档案建立与管理

一、档案记录详细类目

（一）种植养殖基础信息

种植养殖基础信息是农业生产档案的根基，涵盖多方面关键内容。种植户需详细记录土地信息，包括土地位置、面积、土壤类型、前茬作物等，这些信息有助于合理规划种植品种与轮作方式。还需要记录种植品种详情，如品种名称、来源、种子种苗级别，确保种源合法、纯正。养殖户则要记录养殖场选址、布局、畜禽舍面积、养殖规模、种畜禽来源、系谱档案等，为后续选育、配种提供精准依据，全面细致的基础信息为农业生产全程追溯奠定基石。

（二）投入品使用记录

投入品使用记录是把控农产品质量安全的关键防线。农药、化肥使用记录须精确到每次施用详情，记录农药名称、剂型、防治对象、施药剂量、施药日期、施药人员等，确保用药合规、安全间隔期可控。肥料使用记录肥料种类、品牌、施用量、施肥方式、施肥时间，防止过量施肥造成土壤污染、农产品品质下降。在养殖环节，饲料、兽药投入品记录同样精细，饲料记录原料组成、生产厂家、饲喂阶段、投喂量，兽药记录名称、规格、用途、用药剂量、用药疗程、休药期，精准把控投入品，保障农产品无残留隐患。

（三）田间管理操作日志

种植方面，从播种、育苗、移栽到整枝、打杈、灌溉、排水等日常操作，均按时间顺序详细记录，便于总结经验、优化管理，分析产量与操作关联。养殖的日常管理日志记录畜禽转群、分群、免疫、消毒、驱虫等关键节点，确保养殖过程规范、问题可查。

（四）收获销售环节详情

收获记录包含收获时间、品种、批次、产量，依据成熟度、品质分级，记录分级标准与结果，确保产品质量均一。销售记录涵盖销售渠道、销售时间、销售数量、购买方信息，详细记录保障产品流向可追踪，一旦出现质量问题，能迅速召回，维护消费者权益与品牌声誉。

二、资料保存时限要求

（一）短期保存资料清单

短期保存资料主要服务于当季或当年生产管理总结与即时

追溯，时限通常为1~2年。种植环节的当季气象资料、土壤墒情监测记录属于此类，助力分析天气对作物生长影响，指导灌溉决策。养殖环节，短期保存畜禽的周生长报表、饲料消耗周报表，养殖户依据每周生长数据调整饲养管理，优化后续养殖，这些短期资料在近期生产优化中发挥关键作用，过期后可销毁。

（二）中期存档重要节点

中期存档资料面向3~5年生产周期回溯与质量分析，聚焦关键农事节点与投入品信息。种植上，连续3年的种植品种布局图、农药化肥年度使用汇总表须存档，为长期土壤肥力维护、农药抗性监测提供数据。养殖中期保存种畜禽年度选育报告、疫苗免疫年度计划与执行记录，用于评估免疫程序有效性，保障养殖效益与产品质量。

（三）长期留存关键档案

长期留存档案关乎农业生产长远发展与历史溯源，保存时限10年及以上。土地流转合同、永久基本农田划定资料是种植户长期保存重点，保障土地经营权合法稳定。养殖企业长期留存种畜禽引种原始档案、重大疫病防控全程记录，为应对类似疫情积累经验，长期档案是农业生产的历史宝库。

（四）档案销毁规范流程

档案销毁须遵循严谨规范流程，确保信息安全与合规。销毁前，档案管理部门依据保存时限要求，梳理待销毁档案清单，组织专业人员交叉核对，防止误销重要资料。选择专业销毁机构销毁或自行销毁，纸质档案采用粉碎、焚烧方式，电子档案彻底删除并多次覆写存储介质，确保数据不可恢复。销毁过程全程监控，录像存档，销毁结束后，出具销毁报告，详细记录销毁时间、方式、参与人员、档案内容概要，确保档案销毁有迹可循，信息安全无虞。

三、档案信息化管理途径

（一）电子档案系统选择

电子档案系统选型需要综合考量多方因素。规模较小农户选用操作简易、云端存储的基础型农业档案管理App，如"农安宝"App，满足日常种植养殖信息记录、查询，成本低且便捷。中型种植养殖企业适配功能模块丰富的专业软件，如"智慧农贸档案管理系统"，实现生产流程数字化管控。大型农业集团则需要定制开发一体化信息平台，集成物联网设备数据采集、大数据分析、人工智能预警等高端功能，依企业规模、需求精准选型，开启档案信息化高效管理。

（二）数据录入规范要求

数据录入规范是电子档案系统精准运行的"基石"。录入信息须确保准确性、完整性与及时性，种植户录入农药使用记录时，严格按系统预设字段，选择农药标准通用名，手动输入施药剂量、日期，避免模糊、错误信息，上传施药现场照片确保真实可查。录入数据格式统一，日期采用"YYYY-MM-DD"格式，数值精确到小数点后规定位数，规范录入保障系统数据质量，挖掘数据最大价值。

（三）信息安全保障措施

信息安全保障是档案信息化管理的"生命线"。网络防护层面，部署防火墙、入侵检测系统，防止外部黑客攻击、恶意软件入侵。数据加密传输与存储，敏感信息采用SSL/TLS加密协议传输，存储时加密处理。用户权限管理精细，依据员工岗位、职责分配权限，多维度保障信息安全，守护农业生产核心数据。

（四）档案查询便捷功能

档案查询便捷功能是电子档案系统服务用户的"窗口"。

系统设置多样化查询方式，按时间区间、关键词、多条件组合查询，快速检索关键信息，支持移动端查询，随时随地掌握生产动态，便捷查询让档案信息随时服务农业生产，提升管理效能。

第四节 生产过程中的质量安全监督巡查

一、定期制订巡查计划

（一）种植养殖周期巡查节点

种植养殖周期内，依据不同生长阶段设定巡查节点。种植业中，播种前重点检查种子质量，确保纯度、发芽率达标；幼苗期关注育苗环境，保证温度、湿度适宜；生长旺盛期检查施肥用药情况，确保合规；收获期聚焦成熟度与采收规范。养殖环节，幼崽出生后检查母畜护理与幼崽健康；育肥期监督饲料营养与投喂量；出栏前严格把控兽药休药期，确保肉品安全。依循各阶段要点巡查，保障生产全程质量。

（二）重点区域与重点时段

重点区域与时段的把控可精准聚焦风险隐患。靠近工厂、交通要道的农田与养殖场列为重点，须定期检测土壤、水源污染情况；交通干道旁要加强防尘、净化空气措施检查。高温高湿的夏季是病虫害高发季，加大植保巡查频次；冬季寒冷，着重检查养殖舍保暖措施，确保畜禽不受冻，精准定位重点，高效防控风险。

（三）巡查人员分组分工

合理分组分工确保巡查全面、专业。按专业背景分组，技术专家负责检查种植养殖技术规范落实；检测人员专注样本采集、快速检测；分工上，每组设组长统筹协调，组员各司其职，记录员翔实记录巡查情况，精细分组分工保障巡查有序、深入。

（四）巡查工具设备配备

适配的工具设备为巡查提供有力支撑。基础检测工具如土壤速测仪、pH 计必备，用于检测土壤肥力、酸碱度；病虫害监测设备多样，糖醋液诱捕器、昆虫性诱捕器用于预判虫情；影像记录设备用于留存现场证据，完备工具助力精准巡查。

二、重点隐患排查

（一）高毒农药违规使用

高毒农药违规使用是重大隐患。巡查时严查农资店源头，核对销售台账；田间地头查看农药包装回收情况，观察作物生长状态，疑似症状及时采样送实验室检测，采用气相色谱-质谱联用仪精准分析农药残留成分，一旦查实违规，追溯来源，严肃惩处。

（二）违禁兽药残留风险

违禁兽药残留严重威胁肉蛋奶质量。养殖场排查聚焦兽药库存，检查是否存放违禁药；用药记录审查精细到每次用药详情；上市前抽检是关键防线，采用酶联免疫吸附测定法（ELISA）、液相色谱-质谱法等对畜禽产品快速初筛、精准定量，超标产品禁止上市，追溯养殖环节，整改问题，消除风险。

（三）养殖环境恶劣隐患

恶劣养殖环境易滋生疫病、影响畜禽生长。巡查养殖舍卫生，查看粪便、污水清理是否及时，用便携式气体检测仪实时监测有害气体；检查养殖密度是否合理；舍内温度、湿度调控设备运行状况关乎环境稳定，检查温控、湿控系统，保障舒适环境，降低疫病风险。

（四）生产设施老化问题

老化生产设施影响生产效率与农产品安全。种植区检查灌溉设施，排查老化管道漏水；温室大棚结构稳固性是重点，大风、暴雪天气后查看骨架变形、塑料膜破损情况。养殖设施方面，检查饲料加工设备磨损、畜禽饮水系统堵塞漏水，确保设施正常运行，支撑生产顺利。

三、问题整改跟踪机制

（一）整改通知下达规范

整改通知下达须严谨规范，确保责任明确、要求清晰。以书面形式为主，详细列出问题清单，明确整改责任人，规定整改要求，附上整改期限，加盖监管部门公章，通过直接送达、邮寄或电子送达等方式确保接收，留存送达凭证，为后续追溯提供依据。

（二）整改期限明确要求

整改期限依问题轻重缓急合理设定。轻微问题给予3~5天整改期；一般问题限期7~10天；重大隐患要求15~30天内彻查源头、整改到位，期间暂停相关产品上市，定期汇报整改进度，严格期限约束推动问题解决，保障农产品尽快重回安全轨道。

（三）整改过程监督要点

整改过程监督确保落实不走样。建立定期回访制度，每隔2~3天电话或现场回访；对重点问题，安排专人蹲点监督；要求整改责任人提交整改过程资料，依此核实整改真实性、有效性，全程监督保障问题连根拔起。

（四）整改验收合格标准

验收合格标准精细严格，保障农产品质量切实提升。资料审查上，整改后的生产档案完整、合规；实地核查，种植区土壤、灌溉水质量达标，作物生长健康；养殖舍环境优良，各项指标合格方可认定整改完成，恢复正常生产，确保农产品质量安全长治久安。

第四章 农产品加工与储藏过程中的质量安全控制

第一节 加工环节的质量安全控制

一、原料验收关键指标

原料验收是农产品加工质量的"把关人"。果蔬原料验收时,外观检查色泽、形状、大小,如苹果应色泽均匀、无病虫害、果径70~90毫米,通过分级筛选和人工挑选结合;内在品质检测可溶性固形物、酸度、农药残留,如草莓可溶性固形物含量8%~12%,农药残留符合国家标准,采用折光仪、酸度计、气相色谱-质谱联用仪检测。畜禽原料验收时,查看动物检疫合格证明,检测肉品新鲜度,猪肉pH值5.8~6.2,挥发性盐基氮含量每100克不超过15毫克,保障原料安全合规。水产原料验收时,除判断鲜活度外,还须检测重金属、兽药残留,贝类重金属镉含量每千克不超过0.5毫克,保障源头质量。

二、加工环节关键控制点

加工环节精细管控确保产品质量稳定。在果蔬汁加工中,酶解环节严格控制酶添加量、温度、时间,果胶酶添加量0.05%~0.1%,温度40~50℃,时间30~60分钟,防止酶解过度影响风味。在肉类腌制时,控制盐、糖、亚硝酸钠用量,亚硝酸钠残留量每千克不超过0.03克,保障腌制效果与食用安全。在烘焙食品加工中,烘烤温度、时间精准设定,面包烘烤前期180~200℃,后期160~180℃,时间20~30分钟,确保色泽和口感。在油炸食品加工中,控制油温160~180℃,炸制时间依产品规格调整,防止油脂劣化和产品焦糊,关键控制点精准把控,产出优质产品。

三、成品检验标准流程

成品检验为农产品加工质量"上锁"。外观检验通过目视检查色泽、形态、包装完整性,饼干色泽金黄、外形完整、无破损,包装密封良好。理化指标检测严格,果汁饮料含糖量、酸度、维生素C含量按标准测定,含糖量误差±5%,酸度±0.2%,维生素C含量不低于标识值80%,采用高效液相色谱法、滴定法等进行检测。微生物检验针对不同产品,液态食品检测菌落总数、大肠菌群、致病菌,固态食品侧重霉菌、酵母菌,菌落总数液态食品每毫升不超过1 000CFU,严格检验流程确保成品达标。

四、不合格品处理规范

不合格品处理规范保障市场流通产品质量。不合格产品一经发现,立即隔离标识,置于专用区域,防止混淆。对于微生物超标产品,如酸奶菌落总数超标,采取销毁处理,采用高温灭菌后填埋或焚烧,确保环境安全。理化指标不合格,如蛋白质含量不足的乳制品,视情况返工、调整配方、工艺重新加工,再次检验合格后方可出厂。包装不合格,如标签信息错误、密封不严等,要重新包装,核对信息,加强密封,全程记录处理过程,追溯原因,改进生产,杜绝不合格品流入市场。

第二节　加工环境与设备卫生要求

一、车间清洁消毒规范

（一）日常清洁频次及方法

车间日常清洁频次与方法因加工产品类型和功能区域而异。生鲜果蔬制品车间每日加工结束后立即全面清洁，地面先清扫杂物，再用高压水枪冲洗，压力控制在 2~3 兆帕，最后擦干；工作台面用湿布擦拭，喷洒食品级清洁剂，刷洗边角缝隙，防止微生物滋生。肉类加工车间污染风险更高，加工过程中每 2~3 个小时对刀具、案板等关键部位简单清洁，下班后深度清洁，刀具、案板浸泡含氯消毒剂 30~60 分钟，确保无残留。

（二）消毒药剂选择使用

消毒药剂的正确选择与合理使用是保障车间卫生的关键。常用消毒剂包括含氯消毒剂（如次氯酸钠，有效氯含量 5%~10%，配制浓度 100~200 毫克/升）、过氧乙酸（杀菌能力强，使用浓度 0.2%~0.5%）、季铵盐类消毒剂（毒性低、刺激性小，使用浓度 0.1%~0.2%）。不同消毒剂适用于不同场景，如含氯消毒剂用于大面积消毒，过氧乙酸用于设备表面和空气消毒，季铵盐类用于人员手部和工作服消毒，使用时需要注意避免与阴离子表面活性剂混用。

（三）清洁消毒记录要求

完整准确的清洁消毒记录是车间卫生管理的重要依据。记录应涵盖清洁消毒的时间、区域、操作人员、使用的清洁工具与消毒剂名称、浓度、用量等详细信息。记录保存期限不少于 2 年，采用纸质记录与电子记录相结合的方式，纸质记录装订成册，电子记录录入车间管理系统，方便查询和统计分析，确保清洁消毒工作有迹可循。

（四）特殊区域重点防控

车间内的特殊区域，如原料暂存区和废弃物处理区，须采取重点防控措施。原料暂存区须控制温度和湿度，地面铺设防滑、易清洁材料，原料存放离地存放，防止受潮和污染。废弃物处理区独立封闭设置，配备专用垃圾桶，分类收集废弃物，每日清理、清洗、消毒，防止异味和蚊虫滋生，采用紫外线杀菌灯定期照射，降低交叉污染风险。

二、加工设备材质安全标准

（一）接触食品部位材质要求

加工设备接触食品的部位必须选用符合食品安全标准的材质。食品级304不锈钢（含铬量18%、含镍量8%）广泛应用于水果破碎机、果汁压榨机等设备，确保加工过程中不会溶出有害物质。对于酸性食品加工，如番茄酱、果醋生产，选用耐酸性能更好的食品级316不锈钢。食品接触用的塑料材质，如聚乙烯（PE）、聚丙烯（PP），须符合卫生标准，具有无毒、无味、化学稳定性好的特点，严格材质把关，守护食品源头安全。

（二）设备耐腐蚀性能考量

不同农产品加工过程中，设备面临的腐蚀因素各异，须针对性考量耐腐蚀性能。在腌制食品加工车间，采用玻璃钢材质的腌制池和搅拌桨，能有效抵御氯离子侵蚀。在果汁饮料生产中，灌装机的阀门、管道等部件选用内衬聚四氟乙烯（PTFE）的不锈钢材质，PTFE具有极低的摩擦系数和超强的耐腐蚀性，确保设备稳定运行。

（三）易清洁设计要点

加工设备的易清洁设计可极大提高卫生管理效率。设备表面应光滑平整,无凹陷、缝隙、死角,如烘焙设备的烤盘采用一体成型工艺。可拆卸设计是关键,食品加工机的搅拌刀、滤网等部件方便拆卸清洗。设备的排水系统要顺畅,如洗菜机底部设计倾斜角度,确保废水迅速排出,防止微生物滋生。

第三节 储藏条件与管理

一、常温储藏要点

(一) 仓库选址布局要点

仓库选址应优先考虑地势高、干燥、通风良好且周边无污染源的区域。远离工厂、垃圾处理场等易产生污染的场所,避免废气、废水、废渣等对农产品造成危害。在布局上,要合理划分不同农产品的储藏区域,按照类别、品种、成熟度等因素分区存放,防止相互串味、交叉感染病虫害。通道设计要宽敞,方便货物搬运与装卸,同时配备消防设施,确保消防安全。例如,储藏谷物类农产品,仓库地面应做防潮处理,可铺设防潮垫或进行地面硬化,并设置一定坡度,便于排水,以防谷物受潮发霉。

(二) 温湿度自然调节措施

利用自然通风来调节温湿度是常温储藏的关键手段。仓库应设有足够数量、合理布局的通风口,根据季节和天气变化适时开启或关闭。在白天温度较高时,关闭通风口,避免热空气流入;傍晚至清晨气温降低时,打开通风口,引入冷空气,降低仓内温度。湿度调节方面,当湿度偏高时,可在仓库内放置适量的生石灰、木炭等吸湿材料,定期更换,确保吸湿效果。如储藏柑橘类水果,在南方梅雨季节,空气湿度大,需加大吸湿材料用量,并增加仓库通风频次,维持相对湿度在80%~85%,防止果实因湿度过高而腐烂。

(三) 虫鼠害防治方法

防虫方面，首先要做好仓库清洁工作，定期清扫杂物、灰尘，减少害虫滋生环境。安装防虫网，网目密度要适宜，既能阻挡害虫飞入，又不影响通风换气。还可采用物理诱捕法，如在仓库内悬挂黄色粘虫板，利用害虫的趋光性进行诱捕；对于一些鳞翅目害虫，可使用性诱剂诱捕成虫，减少害虫繁殖。在鼠害防治上，仓库建筑要确保密封性，封堵孔洞、缝隙，阻止老鼠进入。沿墙根、角落等老鼠易出没处放置鼠夹、粘鼠板等捕鼠器具，定期检查并清理捕获的老鼠，同时可投放无毒的驱鼠剂，利用气味驱赶老鼠，保护农产品不受侵害。

(四) 堆码方式与保质期

堆码方式要依据农产品特性选择，避免重压损坏。对于质地较硬、耐挤压的农产品，如马铃薯、洋葱等，可采用垛堆式，堆码高度适中，一般不超过2米，并设置稳固的垛底，防止倒塌。对于易损伤的果蔬，如草莓、葡萄等，多采用货架式存放，每层货架间隔合理，保证空气流通。保质期管理上，要严格按照农产品种类、采收期、储藏条件等因素综合确定。定期抽检储藏的农产品，观察外观、色泽、气味等变化，一旦发现有变质迹象，如发霉、异味、软烂等，及时清理，防止污染其他产品。例如，常温下储藏苹果，早熟品种保质期为1~2周，晚熟品种可延长至3~4周，须在保质期内合理安排销售与周转。

二、冷藏保鲜关键技术

(一) 冷藏温度精准设定

不同农产品适宜的冷藏温度差异较大。叶菜类蔬菜，如生菜、菠菜等，一般冷藏温度控制在0~4℃，此温度范围能有效延缓叶片衰老，保持蔬菜的新鲜度与口感。对于大多数水果，如苹果、梨等，适宜温度在-1~4℃，既能抑制微生物生长，

又可降低呼吸作用。而鲜切农产品，由于经过加工处理，伤口易受微生物侵染，温度须精准控制在0~2℃，最大程度延长货架期。温度控制精度要求在±0.5℃以内，可通过高精度的温控设备，如智能制冷机组，实时监测与调节温度，确保冷藏环境稳定。

（二）湿度控制方法

冷藏环境湿度对农产品品质影响显著。高湿度有利于保持果蔬的水分含量，但湿度过高易滋生霉菌。对于叶菜类，相对湿度宜维持在90%~95%，可采用喷雾加湿系统，定时喷施细水雾，补充水分。但像蘑菇等菌类农产品，湿度太高易出现菌盖软烂，须将湿度控制在85%~90%，通过除湿设备与加湿设备协同运行来精准调控。在冷藏设备内放置湿度传感器，实时反馈湿度数据，以便及时调整加湿或除湿操作，确保农产品处于适宜的湿度环境。

（三）冷藏设备维护要点

冷藏设备的正常运行是保鲜的保障。定期检查制冷系统，包括压缩机、冷凝器、蒸发器等部件，查看制冷剂是否泄漏，各连接部位是否松动，确保制冷效果稳定。冷凝器要定期清洁，去除灰尘、杂物，提高散热效率，防止因散热不良导致制冷量下降。蒸发器表面结霜会影响热交换效率，应设置定时化霜程序，采用热气化霜或电化霜方式，及时清除霜层。同时，检查冷藏库的门封是否严密，如有破损及时更换，避免冷气泄漏，增加能耗，影响冷藏效果。

（四）冷藏品出入库管理

农产品入库前，要进行预冷处理，使其快速降温至适宜冷藏温度，减少田间热带入冷库，降低呼吸作用。预冷方式可根据农产品种类选择，如水冷、风冷或真空预冷。入库时，要按照"先进先出"原则，对不同批次产品做好标识与记录，便

于管理。出库时,同样遵循该原则,避免冷藏时间过长的产品积压,影响品质。搬运过程要迅速、平稳,减少温度波动,防止农产品因碰撞、挤压受损。例如,搬运冷藏的鲜切西蓝花,要用专用托盘,轻拿轻放,从冷库到运输车辆的转移过程要尽量缩短时间,维持低温环境。

三、冷冻储藏注意事项

(一) 冷冻速度对品质的影响

冷冻速度快慢直接关系农产品品质。快速冷冻能使农产品细胞内水分迅速形成细小冰晶,减少对细胞结构的破坏,从而更好地保持产品的色泽、风味与营养成分。例如,速冻水饺在-30℃以下的环境中,能在短时间内完成冻结,面皮劲道、馅料新鲜如初。相反,慢速冷冻形成的大冰晶会刺破细胞,导致汁液流失,解冻后产品软烂、口感变差。像海鲜产品,若冷冻速度过慢,鱼肉中的蛋白质变性,失去弹性,鲜味降低,严重影响品质与市场价值。

(二) 冻藏温度波动控制

冻藏过程中,温度波动应控制在极小范围内,理想波动不超过±2℃。温度波动大易造成冰晶反复融化与再结晶,加剧细胞损伤,加速品质劣化。采用优质的保温材料构建冷库,如聚氨酯夹心板,提高冷库的隔热性能,减少外界热量传入。同时,配备高精度的温度监测与控制系统,实时预警温度异常,及时调整制冷机组运行参数,确保冻藏温度稳定。对于一些高端冷冻农产品,如进口牛排,对温度稳定性要求极高,甚至要求波动控制在±1℃以内,以保障顶级品质。

(三) 冷冻食品包装要求

包装是冷冻储藏的重要环节。首先,包装材料要具备良好的耐寒性、隔氧性与防潮性。常见的有聚乙烯、聚丙烯等复合材料,能有效阻挡氧气、水蒸气进入,防止冷冻食品氧化、风干。对于易氧化变质的肉类、海鲜，包装内可充入氮气、二氧化碳等惰性气体，置换氧气，延长保质期。包装密封性要好，采用热封、真空包装等工艺，杜绝空气泄漏。此外，包装标识要清晰完整，注明产品名称、生产日期、保质期、食用方法、储藏条件等信息，方便消费者选购与使用。

（四）解冻方式科学选择

科学的解冻方式能最大程度还原冷冻农产品的品质。常见解冻方法有空气解冻、水解冻、微波解冻等。空气解冻速度慢，但对产品品质影响相对较小，将冷冻产品置于 $4\sim10℃$ 的冷藏环境中缓慢解冻，适用于大多数果蔬产品，能保持细胞的完整性，减少汁液流失。水解冻速度较快，但易造成微生物污染与营养成分流失，需要采用流动的冷水，水温控制在 $10\sim20℃$，常用于解冻块状肉类，解冻后要及时烹饪。微波解冻利用微波的穿透性使水分子振动产热，速度快且均匀，适合家庭快速解冻小包装食品，但要注意控制功率与时间，防止局部过热，影响口感与品质。

第四节 加工储藏环节的质量追溯起点

一、原料批次标识规范

（一）标识内容要求

原料批次标识应涵盖全面且关键的信息。首先，必须包含农产品的品种名称，精确到具体学名，如"富士苹果""西蓝花（绿雄90）"等，避免因俗名混淆导致追溯困难。产地信息要详细记录，不仅有省份、城市，还须精确到县、乡甚至具体种植基地名称，像"山东省栖霞市××镇××村苹果种植基地"，这有助于溯源土壤、气候等环境因素对产品质量的影响。采收日期须明确到年月日，因为不同采收时段农产品的成熟度、品质特性有差异，直接关联后续加工储藏效果。另外，还应注明批次编号，编号规则可依据种植区域、采收时间顺序等制定，具备唯一性与连贯性，方便快速定位该批次原料在整个供应链中的位置。

（二）标识方式选择

标识方式要兼顾持久性与清晰可读性。对于外观光滑、质地较硬的农产品，如瓜果类，可采用激光蚀刻法，将标识信息直接刻在表皮上，深度适中，既能保证信息长期留存，又不会损伤产品内部组织。对于包装类农产品原料，如谷物、豆类，优先选用印刷标签，使用耐磨损、防水的油墨，在包装材料显著位置印刷标识内容，字体大小适中，方便肉眼识别与扫码读取。对于一些小型、散状农产品，如蓝莓、樱桃等，可搭配使用吊牌式标签，材质选用防水塑料或纸质覆膜，用细尼龙绳或可降解线绳悬挂，确保标签不易脱落，信息完整呈现。

（三）标识粘贴部位

粘贴位置要醒目且不易受损。在箱装农产品上，标识应贴于箱体的正面左上角或右上角，距离边缘3~5厘米处，避开搬运过程中的摩擦区域，同时方便工作人员在搬运、存储、盘点时一眼可见。对于袋装农产品，如蔬菜种子包装袋，标识置于袋体中部上方，保证在货架陈列、取用过程中信息始终外露。若是桶装液体农产品原料，像果汁原浆，标识环绕桶身一周粘贴，确保无论桶体如何摆放，关键信息都能被读取，防止因标识被遮挡而阻碍追溯流程。

（四）标识更新管理

当原料出现分拨、再加工等情况时，标识须及时更新。若一批次苹果原料部分用于鲜销，部分用于加工成果汁，用于加工的这部分原料要在原有标识基础上，新增"加工用途：果汁原料"及对应的分拨日期、数量等信息，用可擦除但不易自行脱落的记号笔或专用标签覆盖更新，确保追溯信息实时准确反映原料流转动态。定期（如每月 1 次）核对库存原料标识与实际库存、状态是否相符，对模糊、损坏的标识及时重新制作粘贴，维持整个原料批次标识系统的有效性。

二、加工环节信息录入

（一）加工工艺参数记录

不同农产品加工工艺各异，参数记录务必精准。以水果罐头加工为例，对于热烫环节，要记录热烫温度精确到±0.5℃，热烫时间精确到秒，这直接影响果实的去皮、去核效果及后续杀菌质量。在调配工序，记录果汁、糖、酸等配料的添加量，精确到克或毫升，以及搅拌速度、时间，确保成品口感、风味稳定。对于烘焙类农产品加工，如全麦面包，记录烘焙温度、湿度及时间，温度波动控制在±2℃，湿度30%～40%，烘焙时间依面包重量、尺寸而定，精准参数保障产品品质均一，为质量追溯提供关键工艺依据。

（二）加工时间地点标注

加工时间精确到时分秒，标注产品进入各道工序的起始与结束时刻，如"苹果削皮工序，开始时间：2025 年 3 月 10 日 09：15：00，结束时间：2025 年 3 月 10 日 09：45：00"，明确责任时段与加工效率。地点记录细化到车间、生产线及具体工位编号，像"蔬菜清洗车间 3 号生产线 5 号工位"，一旦出现质量问题，可迅速锁定加工源头，排查设备、人员操作失误等因素。利用电子时钟与车间布局数字化管理系统自动采集、录入这些信息，减少人工记录误差，保证数据真实性。

（三）操作人员信息录入

录入每位参与加工人员的详细资料，包括姓名、工号、岗位技能等级证书编号等。对于关键工序，如肉类分割、乳制品发酵，还要记录操作人员当日健康状况（有无感冒、发热等传染病症状）、岗前培训记录（培训课程、考核成绩），确保加工操作符合规范。通过员工打卡系统、权限登录加工设备等方式，自动关联操作人员信息与加工时段、工序，实现人员信息精准追溯，在出现人为因素导致的质量问题时，快速追溯责任人，采取纠正预防措施。

（四）添加剂使用详情

详细记录添加剂种类、用量、使用目的及供应商信息。若加工腌制蔬菜，使用的防腐剂（如山梨酸钾）要记录添加量精确到毫克/千克，使用目的为抑制微生物生长、延长保质期，供应商名称、生产许可证编号、进货批次等一应俱全。建立添加剂专用台账，由专人负责登记，使用时现场核对，确保添加剂合规使用，从源头保障农产品加工质量安全，为后续追溯提供透明信息支撑。

三、储藏流转记录要点

（一）入库时间和数量记录

农产品入库时，精确记录入库时间，精确到分钟，如"2025 年 5 月 20 日 14:30"，采用电子扫码枪与仓库管理系统（WMS）联动，扫描产品标识快速录入，同时记录入库数量，按箱、袋、托盘等实际包装单位准确统计，避免人工点数误差。对于散装农产品，如谷物入仓，通过地磅称重结合流量传感器，实时换算成重量单位录入系统，生成详细入库清单，清单包含产品名称、批次、规格、入库时间、数量等，作为库存初始数据，为后续储藏、出库追溯奠定基础。

（二）储藏环境参数记录

持续监测并记录贮藏环境参数，温度记录精度达±0.5℃，湿度精度±2%，气体成分（氧气、二氧化碳等）浓度精确到±0.1%。每 30 分钟自动采集 1 次数据，利用温湿度传感器、气体分析仪与数据记录仪连接，实时传输至储藏管理系统。如冷藏库储藏鲜切果蔬，记录温度 2~4℃、湿度 90%~95%、氧气 2%~3%、二氧化碳 0~1%，一旦环境参数异常波动，系统立即预警，追溯时可查看参数历史曲线，分析环境因素对农产品质量的影响，判断是否因储藏条件不当引发变质等问题。

（三）出库流向跟踪

出库时，详细记录产品去向，包括销售客户名称、地址、联系方式、配送物流单号、承运商名称等信息。若农产品发往超市，记录超市名称、门店地址、采购订单编号；若是电商发货，录入电商平台名称、买家收货地址、快递单号。通过销售订单管理系统与物流追踪系统对接，实现出库流向实时跟踪，消费者或监管部门可依据追溯码查询产品从仓库到终端的全程路径，确保流通过程透明可控。

（四）库存盘点记录

定期（每周或每月）进行库存盘点，核对实际库存与系统记录是否相符。盘点时，按存储区域、货架、批次逐一清点，记录盘点时间、人员、实际数量、差异数量（盘盈或盘亏）及原因分析。如因自然损耗、产品变质、出入库记录差错等导致库存不符，详细记录在盘点报告中，及时调整库存系统数据，确保库存信息准确，为追溯提供可靠库存动态依据。

四、追溯码生成与管理

（一）追溯码编码规则

追溯码应具备唯一性、通用性与可扩展性。采用 GS1 编码体系为基础，结合农产品特性自定义字段。前几位代表农产品类别编码，如"01"表示水果，"02"表示蔬菜；中间部分为企业代码，由国家统一分配识别企业身份；接着是生产日期编码，精确到年月日；再是批次编号，与原料批次标识对应；末尾几位预留校验码，用于验证追溯码准确性，防止录入错误。整个编码长度适中，方便扫码读取与数据存储，确保在全国乃至全球供应链中能快速、精准追溯农产品源头与流转轨迹。

(二) 追溯码生成软件

选用专业追溯码生成软件,如"溯源宝""智链追溯"等,具备批量生成、加密处理、与数据库实时同步等功能。软件可根据预设编码规则,导入农产品基础信息(品种、批次、加工储藏详情等),一键生成海量追溯码。对追溯码进行加密算法处理,防止信息篡改,保障数据安全。同时,生成的追溯码自动上传至企业追溯数据库,关联对应产品详细信息,确保扫码查询时能迅速反馈精准追溯数据,提升追溯效率。

(三) 追溯码打印粘贴规范

追溯码打印采用高精度热转印或热敏打印机,确保条码清晰、可读率达 99.9% 以上。标签材质依农产品包装选用,防水、耐刮、抗紫外线,如 PET 标签用于户外运输包装,纸质标签用于室内短期储存包装。粘贴时,位置统一规范,在产品外包装正面显眼处,距顶部 5~10 厘米,或依包装形状、大小合理布局,保证在搬运、销售各个环节扫码便捷,不被遮挡损坏,消费者与监管人员能轻松扫码获取追溯信息。

(四) 追溯码查询验证

建立多渠道追溯码查询平台,包括企业官网、手机 App、微信公众号等。消费者购买农产品后,通过扫码或手动输入追溯码,在查询界面瞬间呈现产品从原料采购、加工工艺、储藏环境到销售流向的全链条信息,图文并茂、通俗易懂。设置查询验证功能,对追溯码有效性、信息完整性实时校验,若追溯码有误或信息被篡改,立即提示风险,保障消费者知情权,增强市场对农产品质量安全的信任度。

第五章 农产品流通与消费过程中的质量安全控制

第一节 农产品运输配送管理

一、运输车辆选型要求

（一）冷链运输车辆标准

冷链运输车辆需具备良好隔热性能，车身采用聚氨酯夹心板材质，厚度不低于80毫米，确保低温环境稳定。制冷机组选用知名品牌，制冷量依据车辆容积与运输需求精准匹配，如运输冰淇淋，制冷温度须保证在-25℃以下。车厢内要配备均匀分布的风道，确保冷空气循环流动，无温度死角。车辆密封性要好，门缝处安装优质橡胶密封条，防止冷气泄漏，保障冷链不中断。

（二）普通货运车辆适配

普通货运车辆运输农产品须根据货物特性选择合适车型。运输耐挤压农产品如谷物、马铃薯，选用栏板式货车，底盘承载能力强，确保行驶安全。运输果蔬类农产品时，优先考虑厢式货车，车厢设置通风口，配有可调节挡板，防止农产品因高温、高湿环境发霉腐烂。车辆内部保持平整、无尖锐凸起物，避免刮伤农产品。

（三）车辆载重容积考量

确定车辆载重时，须精确计算农产品实际重量，包括包装重量，预留10%~15%的载重余量，应对可能的增重因素。容积方面，依据农产品包装尺寸、堆码方式测算，对于形状规则的农产品采用紧密堆码模型，不规则农产品考虑合理间隙，确保车辆既不超载又能充分利用空间，提高运输效率。

(四) 车辆卫生状况要求

运输前，车辆必须进行彻底清洁消毒。首先，用高压水枪冲洗车身、车厢内部，去除灰尘、杂物，重点清洁角落、缝隙。然后采用食品级消毒剂，如二氧化氯溶液，稀释后喷洒，消毒后通风晾干，确保车厢内无消毒剂残留异味。车厢底部铺设防潮、易清洁的垫料，如塑料托盘或编织垫，定期更换，防止农产品受污染。

二、冷链运输温控保障

(一) 温度传感器精度要求

温度传感器精度至关重要，应选用精度达到±0.3℃的高精度传感器，采用铂电阻或热敏电阻作为感应元件，确保对温度变化敏感、精准测量。传感器在车厢内分布要合理，在货物装载区域的关键部位设置多个监测点，实时采集温度数据，通过数据采集器汇总传输至温控系统，全方位反映车厢内温度场情况。

(二) 制冷设备可靠性

制冷设备是冷链接心，压缩机选用涡旋式压缩机，具备高效制冷、低能耗、运行稳定特点，在-30~10℃宽温域内能快速响应温度调节需求。冷凝器、蒸发器定期维护保养，冷凝器散热片每月至少检查清洗1次，蒸发器每季度检查除霜情况，采用热气化霜或电化霜技术，确保热交换效率稳定。同时，配备备用电源，如车载发电机组或大容量蓄电池组，当主电源故障时，能在5分钟内自动切换，维持制冷设备不间断运行。

（三）温度异常预警机制

温控系统设定多级温度预警阈值，如针对 0~4℃ 冷藏运输的鲜切蔬菜，当温度达到 4.5℃ 时触发一级预警，通知驾驶员检查制冷设备、车厢密封性；温度升至 5.5℃ 时触发二级预警，同时将预警信息发送至物流调度中心，调度人员远程指导驾驶员采取应急降温措施；若温度超过 6℃ 且持续 10 分钟未恢复正常，触发三级紧急预警，立即就近安排车辆转运货物，避免农产品因温度失控变质。

（四）温控记录保存时限

温控记录作为农产品冷链运输质量追溯关键数据，须保存至少 2 年。记录采用电子记录与纸质记录双备份形式，电子记录存储在车载温控系统硬盘中，实时上传至云端服务器，方便随时查询下载；纸质记录由驾驶员每 2 小时手动记录 1 次温度数据，包括各监测点温度、制冷设备运行参数、异常情况处理等信息，记录须签字确认，随车保存，确保温控数据完整、可追溯。

三、物流包装防撞设计

（一）包装材料缓冲性能

针对不同农产品，选择适配的缓冲包装材料。运输蛋类产品，采用 EPS（聚苯乙烯泡沫）成型托盘，每个蛋坑精准适配鸡蛋尺寸，托盘四周及底部有足够厚度的泡沫缓冲层，能有效吸收震动能量。对于果蔬类，如草莓，内层用柔软的珍珠棉网套包裹，外层再套瓦楞纸箱，纸箱采用高强度 B 型或 C 型瓦楞纸板，为农产品提供双重缓冲保护。

（二）包装结构加固要点

纸箱包装结构要合理加固，在箱体棱边、角落处粘贴高强度纸质护角，护角长度不低于箱体高度的 1/3，增强箱体抗压能力。对于较重农产品，箱内增加隔板，将货物分层分隔，减少货物晃动碰撞，同时在箱底、箱顶采用双层纸板或加衬木板，提高整体承载能力。木箱包装时，木材选用质地坚硬、无虫蛀的实木，如松木，木箱组装采用榫卯结构结合金属连接件，确保结构稳固。

(三) 易碎品特殊包装

易碎农产品，如玻璃瓶装果汁、陶瓷容器装蜂蜜等，在包装上要格外精心。先用气泡袋将单个产品紧密缠绕多层，装入定制的厚纸板箱后，箱内空隙用泡沫颗粒或充气袋填满，确保产品在箱内无位移空间。纸箱外再套编织袋，编织袋印有"易碎品，小心轻放"等醒目警示标识，双重包装保障易碎农产品运输安全。

(四) 包装标识警示信息

所有农产品包装上均须印有清晰醒目的警示标识，对于怕压农产品，如鲜蘑菇，标识"请勿重压，堆码层数不超过×层"；对于须防潮农产品，如茶叶，标识"防潮、防雨淋"；对于有朝向要求的农产品，如鲜花，标识"此端向上，请勿倒置"。标识采用耐磨损、防水油墨印刷，确保搬运人员、物流人员在各个环节一眼可见，规范操作。

四、配送路线优化策略

(一) 时效性优先路线规划

对于新鲜度要求极高的农产品，如鲜切三文鱼，以时效性为首要优化目标。利用物流配送管理软件，结合实时交通数据、历史路况信息，为车辆规划最优路线，优先选择高速公路、城市快速路等车速快、通行顺畅的道路，避开施工路段、易拥堵节点。在配送时间上精准安排，确保农产品在最短时间内送达，最大程度保持产品品质。

（二）成本控制导向优化

对于耐储存、价格敏感度高的农产品，如马铃薯、洋葱等，侧重于成本控制优化路线。分析不同路线的运输成本，包括燃油费、过路费、车辆损耗等，选择总成本最低的路线组合。利用大数据分析不同时段、路段的收费标准差异，合理安排出发时段，避开收费高峰，同时优化车辆载重，提高装载率，降低单位运输成本。

（三）路况适应性调整

运输过程中，实时关注路况变化，如遇突发暴雨、暴雪、交通事故等导致原定路线拥堵或无法通行，驾驶员及时反馈至调度中心，调度人员迅速为车辆重新规划替代路线。对于山区道路，提前调整车速、挡位，确保行驶安全；对于泥泞、颠簸路况，降低车速，增加减震措施，减轻震动对农产品包装及品质的影响。

（四）配送节点合理安排

合理布局配送节点，依据农产品配送量、收货方分布区域划分配送区域，每个区域设置中心配送站。从产地仓库发货，先集中运输至中心配送站，再由中心配送站向周边收货点进行二次配送，减少车辆空驶里程，提高配送效率。优化配送节点作业流程，缩短农产品在节点停留时间，确保农产品持续处于良好运输状态。

第二节　农产品批发市场监管

一、入场检验检疫流程

（一）检验检疫资质要求

农产品批发市场应设立专业的检验检疫部门，人员须具备专业资质。检验人员须持有质量检验员证书,熟悉质量标准和检测方法,定期参加培训与考核。检疫人员应具备兽医或植保专业背景,取得官方认可的从业资格,能准确识别病虫害和疫病症状。同时,配备先进检测设备,如农药残留检测仪、疫病诊断试剂盒等,定期校准维护,确保检测结果精准可靠。

(二)抽样检测方法标准

抽样遵循科学、随机、代表性原则。大宗果蔬类按批次、产地、品种分层抽样,每批次不少于5个抽样点,每点不少于2千克;肉类产品按进货量每10头(只)抽取1个检样,不少于500克。检测方法严格参照国家标准,农药残留检测采用气相色谱-质谱联用技术(GC-MS)或液相色谱法(HPLC),动物疫病检测运用酶联免疫吸附试验(ELISA)、实时荧光定量PCR等方法,确保检测灵敏度与准确性。

(三)不合格产品处理流程

检测出不合格农产品,立即启动隔离程序,转移至专用暂存区,标识醒目,物理隔离完备。及时通知批发商,出具详细检测报告,告知不合格项目和依据。轻微不合格产品,如外观瑕疵但不影响食用安全的果蔬,指导批发商分拣、修整,复检合格后准予入场;严重不合格产品,如农药残留超标、疫病感染,坚决销毁,采用无害化处理方式,并记录处理信息,存档备查。

(四)检验检疫记录管理

建立完善的检验检疫记录档案,涵盖入场信息、抽样详情、检测结果、处理情况等。记录采用电子与纸质双轨制,电子记录录入质量追溯系统,实时更新,方便查询统计;纸质记录现场填写,签字确认,按日期、批次编号归档保存,保存期限不少于2年。通过记录追溯,能快速锁定问题农产品源头、流向,为质量问题调查、责任追究提供支撑。

二、摊位卫生日常监督

(一) 摊位清洁频次

摊位每日至少进行两次全面清洁,营业前清理前夜杂物、污渍,擦拭货架、台面;营业结束后深度清洁地面,先清扫垃圾,再用清洁剂拖地,去除油污、血水等污垢,摊位设施如电子秤、刀具、砧板等也要清洗消毒,晾干备用。易污染摊位在交易高峰时段,每2~3个小时进行局部清洁,维持良好卫生环境。

(二) 垃圾清理规范

每个摊位配备专用垃圾桶,垃圾分类收集,易腐垃圾与其他垃圾分开投放,垃圾桶加盖,防止异味散发、蚊虫滋生。市场安排专人定时清运垃圾,每日不少于3次,确保垃圾不堆积。垃圾清运车密闭运输,防止滴漏,运至指定垃圾处理场所,避免二次污染。

(三) 防虫防蝇措施

摊位安装物理防虫防蝇设施,如悬挂黄色粘虫板,每10平方米摊位悬挂不少于4张,高度距地面1.5~2米;配备灭蝇灯,功率不低于30瓦,安装在摊位角落上方,夜晚开启。保持摊位通风良好,减少蚊虫滋生,定期清理摊位后方及底部隐蔽处,杜绝蚊虫滋生地。易招虫蝇的农产品采用保鲜膜、保鲜袋封装,或放置在带纱网的展示柜内,降低虫害风险。

(四) 摊位消毒要求

摊位每日消毒1次,选用食品级消毒剂,如含氯消毒剂(有效氯浓度250~500毫克/升)或过氧乙酸溶液(浓度0.2%~0.5%)。消毒时,清空货物,关闭电子设备,全面喷洒,作用30分钟后,用清水擦拭去除残留,晾干后再摆放货物。消毒过程做好个人防护,确保操作安全有效。

三、批发商资质审核要点

（一）营业执照合法性审查

市场管理部门严格查验批发商营业执照，核实注册地址、经营范围是否与实际经营相符，营业执照须在有效期内，每年通过工商年检。通过国家企业信用信息公示系统查询企业信用状况，查看是否存在经营异常、行政处罚等记录。若有不良记录，要求批发商提供整改说明及相关证明材料，视情况决定是否准予入场经营。

（二）食品经营许可证核查

对于经营食用农产品的批发商，重点核查食品经营许可证，确认许可证上经营项目涵盖所售农产品类别，检查许可证颁发机构、有效期，确保证件合法有效。许可证须悬挂在摊位醒目位置，便于消费者查看，市场监管人员定期复查，对许可证过期、变更未及时申报的批发商，责令限期整改，逾期不改予以停业整顿处理。

（三）诚信经营记录查询

建立市场内部诚信经营档案，记录批发商日常经营行为，包括是否遵守交易规则、有无缺斤少两、产品质量投诉等情况。与金融机构、税务部门联网，查询批发商信贷信用、纳税信用，综合评定诚信等级。对诚信等级高的批发商给予奖励；对诚信缺失、屡次违规的批发商，列入重点监管名单，增加抽检频次，公示不良行为，情节严重者解除租赁合同，清退出场。

（四）从业人员健康证查验

要求批发商从业人员持有效健康证上岗，健康证涵盖食品从业人员必检项目，有效期1年。市场管理部门每月至少抽查1次从业人员健康证，新入职员工须提前办理健康证，持证后方可入职。对于健康证过期、未办理的人员，责令批发商立即停止其工作，限期补办，确保直接接触农产品人员身体健康，保障食品安全。

第三节　农贸市场与超市管理

一、农贸市场快检室运行

（一）快检设备日常维护

快检设备的日常维护是确保农产品质量安全的关键。操作人员每日使用前须检查设备外观，确保仪器外壳无破损、连接线路无松动。对于农药残留检测仪，须清洁检测通道，防止杂质干扰结果；光度计类设备须校准光源，确保波长准确性。每周进行深度维护，包括电极活化、设备内部除尘等，避免积尘影响散热。每月邀请专业技术人员巡检，校准关键性能指标，及时更换老化部件，如气相色谱仪的色谱柱，确保设备长期稳定运行。

（二）检测项目及标准

农贸市场快检室应涵盖常见农产品的风险项目检测。蔬菜、水果重点检测农药残留，依据《食品安全国家标准　食品中农药最大残留限量》（GB 2763—2021），采用酶抑制法快速筛查有机磷、氨基甲酸酯类农药，超标样品再用气相色谱-质谱联用技术定量。肉类检测兽药残留，如瘦肉精，参照《食品安全国家标准　食品中兽药最大残留限量》（GB 31650—2019），运用酶联免疫吸附试验初筛，可疑样品送专业实验室确证。水产品检测孔雀石绿、氯霉素等违禁药物残留，采用快速检测试纸结合高效液相色谱法，确保上市水产品质量安全。检测标准严格遵循现行国标、行标，动态调整，为消费者把好食用关。

(三)快检人员操作规范

快检人员需经过专业培训并持证上岗。操作前穿戴工作服、口罩、手套,做好个人防护。样品制备环节,蔬菜取可食部分,剪成1厘米见方小块,混合均匀后称取规定重量;肉类沿肌肉纹理垂直方向取样,避免筋膜、脂肪过多混入。加样过程使用移液器,准确量取试剂,误差控制在±2微升,按顺序依次加入样品、反应液,轻轻振荡混匀,避免产生气泡。检测完成后及时记录数据,包括样品名称、来源、检测项目、结果、检测时间等,签字确认,确保数据真实可靠,为后续追溯提供依据。

(四)快检结果公示流程

快检结果须及时、准确向公众公示。检测完成后30分钟内,将结果录入农贸市场电子公示屏控制系统,在市场入口、快检室门口等显著位置的电子显示屏滚动播放,内容包括农产品名称、摊位号、检测项目、结果(合格/不合格),字体醒目,字号不小于36号。同时通过市场微信公众号、短信平台向关注用户推送当日快检结果汇总信息。对于不合格产品,在公示屏上用红色字体突出显示,通知摊主暂停销售,立即启动后续处理流程,并将处理结果及时更新公示,保障消费者知情权。

二、超市农产品陈列规范

(一)分类陈列原则

超市农产品陈列应遵循清晰的分类原则,便于消费者选购。按产品类别分区,生鲜区、粮油区、果蔬区界限分明,生鲜区内再细分肉类、海鲜、蛋类等;果蔬区按水果、蔬菜分类,水果依热带、温带、浆果、核果等细分,蔬菜按叶菜、根茎、茄果等归类摆放。同类别农产品按品牌、产地、等级分层陈列,高端进口农产品置于货架上层显眼处,国产优质产品居

中,普通产品靠下,产地标识牌清晰标注,如"山东烟台红富士苹果""云南石林人参果",让消费者一目了然,提升购物效率。

(二)货架陈列高度要求

货架陈列高度须考虑消费者购物便利性。常用商品陈列区设置在距离地面 0.7~1.6 米高度,此区域消费者无须过度弯腰或抬手即可轻松拿取;重点推荐、新品农产品陈列在 1.2~1.4 米黄金高度段,搭配精美促销装饰,吸引消费者目光;体积较大、较重的农产品,如整箱水果、袋装大米,放置在货架底层,便于搬运;高端、礼盒类农产品置于货架顶层,稍高于视线,营造高端感,同时搭配挂钩、展示架,方便顾客挑选,确保各类农产品陈列高度合理,优化购物体验。

(三)生鲜农产品保鲜陈列

生鲜农产品保鲜陈列关乎品质与销售周期。肉类陈列采用低温冷藏柜,温度控制在 0~4℃,按不同部位、品种分格摆放,红肉、白肉分开,避免串味,且每格下方设置接血水托盘,定期清理,保持柜内清洁;海鲜产品置于冰鲜台,冰台温度-2~2℃,用碎冰垫底,海鲜平铺其上,确保与冰充分接触,延长保鲜期;果蔬区根据产品特性,叶菜类喷雾保湿,根茎类蔬菜通风储存,货架底部设置通风口,保证空气流通,抑制腐烂,最大程度维持生鲜品质。

(四)促销区陈列注意事项

促销区陈列能有效拉动农产品销量,但须注意细节。促销农产品选择应结合季节、库存、市场需求,当季新鲜果蔬、临期但品质尚好的食品优先考虑。在陈列布局上,采用堆头、端架等形式突出展示,堆头高度不超过 1.5 米,方便顾客拿取,周围设置醒目标签,标明原价、促销价、优惠幅度、促销期限等信息,如"原价 10 元/斤(1 斤=500 克),现价 6

元/斤,限时 3 天",吸引消费者关注。促销区要保持整洁,及时清理散落农产品,定期更换陈列产品,避免因陈列杂乱或产品不新鲜影响促销效果,实现促销效益最大化。

第四节 电商平台与冷链物流管理

一、电商平台的质量安全责任

(一)平台准入与审核机制

电商平台作为农产品流通的重要渠道,必须建立严格的准入机制。对入驻商家进行资质审核,要求提供营业执照、生产许可证、质量检测报告等文件,确保商家合法合规经营。同时,平台须定期对商家进行抽检,对违规商家采取警告、下架、清退等措施,从源头保障农产品质量安全,为消费者提供可靠的购物环境。

(二)质量监控与抽检制度

电商平台应建立完善的质量监控体系,利用大数据和人工智能技术对农产品质量进行实时监控。定期开展抽检活动,委托专业检测机构对农产品进行检测,重点关注农药残留、兽药残留、重金属污染等指标。抽检结果及时公示,对不合格产品立即下架处理,确保消费者购买到安全、优质的农产品。

(三)消费者权益保护措施

电商平台须设立消费者权益保护机制,畅通投诉举报渠道,及时处理消费者反馈的问题。建立先行赔付制度,当消费者购买到不合格农产品时,平台先行赔付,再向商家追偿。同时,加强对消费者的教育,普及农产品质量安全知识,提升消费者维权意识和能力,营造良好的消费环境。

二、冷链物流的温控与监控

(一) 冷链设备的选型与维护

冷链物流的核心是冷链设备，包括冷藏车、冷库、保温箱等。选择适合的冷链设备至关重要，冷藏车须配备先进的制冷系统，确保运输过程中温度稳定；冷库要具备良好的保温性能，减少冷量流失。同时，定期对冷链设备进行维护保养，确保其正常运行，避免因设备故障导致农产品变质。

(二) 温度监控与数据记录

冷链物流过程中，温度监控是保障农产品质量的关键环节。通过安装温度传感器和监控系统，实时监测运输和储存环境的温度变化，并将数据传输至监控平台。一旦温度异常，系统自动报警，及时采取措施调整温度，确保农产品在整个冷链过程中始终处于适宜的温度范围内，延长保鲜期。

(三) 冷链运输的全程追溯

建立冷链运输的全程追溯体系，对农产品的运输过程进行全程监控和记录。利用物联网技术，将农产品从产地到消费者手中的每个环节都纳入追溯范围，消费者通过扫码即可查询农产品的运输温度、储存条件等信息，增强对农产品质量安全的信心，同时也便于在出现问题时快速追溯责任。

三、电商销售中的溯源与召回机制

(一) 溯源体系的构建与应用

溯源体系是保障农产品质量安全的重要手段。电商平台应建立完善的溯源系统，记录农产品的产地、种植养殖过程、加工环节、运输路径等信息。利用区块链技术确保溯源信息的真实性和不可篡改，消费者通过扫码即可获取农产品的详细信息，实现"从田间到餐桌"的全程追溯，增强消费者对农产品的信任度。

(二) 召回机制的实施与管理

当发现农产品存在质量安全问题时，召回机制的高效实施至关重要。电商平台需要制定详细的召回预案，明确召回流程和责任分工。一旦发现问题产品，立即启动召回程序，通知商家和消费者停止销售和食用，并通过平台公告、短信通知等方式告知召回信息。同时，对召回产品进行妥善处理，防止再次流入市场，确保消费者安全。

(三) 信息公开与透明化

在电商销售中，信息公开是保障消费者权益的重要环节。电商平台应及时、准确地发布农产品质量安全信息，包括检测报告、召回公告、处理结果等。通过信息公开，增强消费者对平台的信任，同时接受社会监督，推动电商平台和商家不断提升农产品质量安全管理水平，为消费者提供安全、放心的农产品。

第六章 农产品质量安全检测技术与方法

第一节 样品采集与制备技术

一、不同农产品采样部位

(一)果蔬类多点采样部位

果蔬类采样需要遵循多点、随机、具代表性原则。叶菜类蔬菜如大白菜,从不同植株的外叶、内叶、叶柄等部位采样,每个部位选取 3~5 片叶子;果实类蔬菜如番茄,在植株不同方位、不同果穗上选取果实,每个果穗采摘 2~3 个,包括顶部、中部、底部的果实。水果采样时,大型水果如西瓜,按田块对角线选取 5~10 个采样点,每个点采摘 1~2 个西瓜,从瓜皮、瓜瓤、靠近瓜瓤的部分分别取样;小型水果如草莓,在种植区域随机选取 10~15 个采样点,每点采摘 5~10 颗草莓,包括不同成熟度、大小的果实。

(二)粮食谷物分层采样要点

粮食谷物采样需要分层进行。袋装谷物堆垛高度不超过 2 米时,采用五点采样法,从袋口垂直向下至袋底 1/4、1/2、3/4 处分别采样,将各层样品混合。散装储存的谷物,如粮仓内,按面积划分成九宫格,在每个格子中心及四个角共 13 个点采样,每个点用采样器垂直插入粮堆,分上、中、下三层取样,上层距粮面 0.2 米,中层在粮堆中间位置,下层距仓底

0.2米，每层采样量不少于1千克，充分混合后缩分得到检测样品。

（三）畜禽产品特定采样区域

畜禽产品采样部位有严格要求。猪肉要在不同部位采样，如里脊肉、五花肉、后腿肉等，每个部位至少采集200克样品。禽肉以鸡肉为例，从鸡胸肉、鸡腿肉、鸡翅等部位选取。蛋类产品，鸡蛋需要从不同批次、不同鸡舍采集，每个批次不少于30枚，随机选取鸡蛋打破后，取蛋黄、蛋清分别检测。

（四）水产品活体与加工品采样

水产品活体采样要保证其存活且能反映群体特征。鱼类在养殖池塘或运输水箱中，用手抄网随机捞取10~15条鱼，选取大小适中、外观健康的个体，分别从鳃、肌肉、肝脏等部位采样。虾类随机抓取20~30只，从虾头、虾身、虾尾分别取样。加工后的水产品，如鱼罐头，按批次随机抽取5~10罐，打开后从内容物的中心、边缘、底部等部位取样，混合均匀检测。

二、采样工具选用标准

（一）无菌采样器具要求

在农产品质量检测中，无菌采样至关重要。果蔬类采样常使用无菌剪刀、镊子，剪刀刃口锋利且经高温高压灭菌处理，镊子尖端精细。采样袋选用无菌聚乙烯材质，厚度适中，密封性良好，袋上标注采样信息。液体农产品如牛奶，采用无菌吸管，由玻璃或一次性塑料制成，经过环氧乙烷灭菌，刻度精准。

（二）防交叉污染工具特性

为避免不同样品间交叉污染，采样工具特别关键。刀具、切割板等在采集不同批次或种类农产品时，必须易于清洁与消毒。不锈钢材质的刀具表面光滑、无凹槽、缝隙，每次采样后，可用75%酒精棉球擦拭刀身，再用蒸馏水冲洗干净。切割板选用食品级塑料材质，颜色区分不同用途，使用后先用洗洁精清洗，再用紫外线消毒柜照射30分钟以上杀菌。

(三) 不同质地农产品适配工具

针对不同质地农产品，适配工具各异。质地坚硬的谷物，采用专用的谷物采样探子，探子由不锈钢制成，头部尖锐，杆身带刻度，内部中空。柔软多汁的果蔬，使用软质硅胶勺采样，既能轻柔地舀取果实组织，又不会挤压破坏细胞结构。肉类采样配备电动切割锯，锯片锋利且耐高温，可快速切割冷冻或新鲜的肉类，同时配套接样盘。

三、样品混合缩分操作

(一) 混合均匀性保障方法

保障样品混合均匀是后续检测精准的基础。固体颗粒状农产品如谷物，倒入大型不锈钢搅拌桶中，采用机械搅拌方式，搅拌桨转速控制在60~80转/分钟，搅拌时间10~15分钟，搅拌过程中每隔3~5分钟停机取样观察。粉末状农产品如面粉，利用三维旋转混匀仪，将样品置于专用容器中，设定仪器旋转角度、速度，多角度、全方位旋转5~10分钟。

(二) 缩分比例确定依据

缩分比例依据农产品批量、检测项目精度要求等因素确定。批量较小且检测项目对样品均匀性要求极高时，缩分比例可控制在1/3~1/2；批量较大，常规质量指标检测时，缩分比例可适当放宽至1/10~1/5，采用多次四分法或网格缩分法逐步缩减样品量。

(三) 机械缩分设备操作

机械缩分设备操作须规范精准。使用旋转式缩分器时，先根据样品特性、缩分比例设置好转速、切割刀具间距等参数。操作过程中，要密切关注设备运行状态，查看有无卡料、漏料现象，若发现异常，立即停机清理、调整。

第二节 快速检测技术

一、农药残留速测

（一）酶抑制法

酶抑制法是检测有机磷和氨基甲酸酯类农药残留的常用方法。其原理基于这些农药对乙酰胆碱酯酶活性的特异性抑制。正常情况下，该酶可催化乙酰胆碱水解，维持神经传导。若样品中有农药残留，酶活性被抑制，底物水解减缓，显色反应减弱。检测时，将酶、底物和显色剂加入样品提取液中，通过颜色变化判断农药残留。该方法操作简便、快速，适合大量样品初筛。

（二）免疫分析法

免疫分析法利用抗原与抗体的特异性结合来检测农药残留。通过制备特异性抗体，将标记有酶、荧光或放射性同位素的抗体与样品中的农药分子结合形成免疫复合物，经洗涤后根据标记物特性检测。例如，酶标记抗体可通过底物显色定量检测农药残留，荧光标记抗体则通过荧光强度判断残留量。该方法灵敏度高、特异性强，能检测痕量农药。

（三）化学显色法

化学显色法通过农药与特定试剂的显色反应来判断残留。例如，有机磷农药中的磷酰基在碱性条件下可与对硝基酚试剂反应，使溶液由无色变为黄色。检测时，将样品提取液与显色试剂混合，观察颜色变化并与标准溶液对比，初步判断残留水平。该方法无须复杂仪器，成本低，适合基层站点或现场筛查，但准确性有限，主要用于定性判断。

（四）传感器法

传感器法利用敏感元件对农药分子的特异性响应实现检测。电化学传感器通过在电极表面修饰分子印迹聚合物或纳米材料，吸附农药分子后引起电学性质变化，如电位或电流改变。通过建立电信号与农药浓度的标准曲线，可快速定量检测农药残留。该方法响应快、灵敏度高，可与便携式设备结合，适用于现场快速检测。

二、兽药残留快速筛查方法

（一）胶体金免疫层析技术应用

胶体金免疫层析技术广泛用于兽药残留筛查。试纸条以硝酸纤维素膜为载体，包被检测线（T线）和质控线（C线）。检测时，样品提取液滴加在试纸条上，若含目标兽药，其与胶体金标记抗体结合后在T线处显色；若无残留，抗体通过T线在C线显色。该方法操作便捷、快速直观，无须专业设备，适用于养殖场、屠宰场等现场筛查。

（二）酶联免疫吸附测定要点

酶联免疫吸附测定（ELISA）是经典的兽药残留检测方法。将目标兽药包被在酶标板微孔中，加入样品提取液后，样品中的兽药与包被兽药竞争结合特异性抗体。经孵育、洗涤后加入酶底物显色，通过吸光度值与标准曲线对比定量检测残留量。操作要点包括优化包被浓度、严格控制孵育条件和彻底洗涤，该方法灵敏度高、重复性好，适用于实验室批量检测。

（三）荧光偏振免疫分析优势

荧光偏振免疫分析基于荧光标记物偏振特性的变化检测兽药残留。荧光标记的兽药分子与抗体结合后，分子旋转受限，偏振程度显著提高。通过测定荧光偏振值，可快速判断残留量。该方法检测速度快、灵敏度高,无须分离结合态与游离态标记物,操作简单,适合高通量检测需求,如大型食品企业原料把关和进出口检验检疫。

(四) 近红外光谱筛查原理

近红外光谱筛查利用农产品中化学键在近红外波段的特征吸收光谱检测兽药残留。不同化学键(如 C-H、N-H、O-H)的吸收频率可因兽药残留而改变。通过建立光谱数据与残留量的数学模型,可快速预测残留情况。该技术无须复杂预处理,可实现无损检测,适合现场快速初筛,助力农产品质量安全监管。

三、非法添加物快检

(一) 瘦肉精类快检

瘦肉精类快检试剂基于胶体金免疫层析技术,检测克伦特罗、莱克多巴胺等非法添加物。试纸条上 T 线包被瘦肉精抗原,C 线包被羊抗鼠 IgG。检测时,样品提取液滴加在试纸条上,若含瘦肉精,T 线显色;若无残留,C 线显色。该方法操作简便,5~10 分钟即可出结果,适用于农贸市场、屠宰场等场所,保障消费者安全。

(二) 三聚氰胺检测

三聚氰胺检测试剂多采用免疫化学原理,如酶联免疫法。将三聚氰胺与载体蛋白偶联制备抗原,免疫动物获得特异性抗体。检测时,样品处理后加入酶标板,通过竞争结合抗体后显色判断残留量。该试剂灵敏度高、特异性强,操作标准化,适合实验室或基层检测站推广,同时配套快速检测卡,方便现场抽检。

(三) 苏丹红快检

苏丹红快检试剂基于其与特定试剂的化学反应。苏丹红在碱性条件下与芳香胺类试剂发生重氮化偶联反应，生成红色或紫红色产物。检测时，样品用有机溶剂提取后加入试剂，若出现变色，表明可能含苏丹红。该方法快速简便，半小时内可初步筛查，有效防止问题农产品流入市场。

（四）孔雀石绿快检

孔雀石绿快检采用胶体金免疫层析法，检测孔雀石绿及其代谢物。试纸条上 T 线包被孔雀石绿抗原，C 线包被羊抗鼠 IgG。检测时，水产样品提取液滴加在试纸条上，若含孔雀石绿，T 线显色；若无残留，C 线显色。该方法 5~10 分钟完成检测，快速直观，适用于水产养殖基地和批发市场，保障水产品质量安全。

第三节 实验室精确检测技术

一、色谱分析法精准应用

（一）气相色谱分离原理

气相色谱（GC）通过样品在固定相和流动相中的分配系数差异实现分离。载气（如氮气、氦气）携带样品蒸气通过色谱柱，样品组分因与固定相相互作用力不同而迁移速度各异。挥发性强、与固定相作用力弱的组分先到达检测器，极性强、亲和力大的组分移动缓慢，从而实现分离。检测器将组分浓度变化转换为电信号，形成色谱峰，通过峰面积或峰高定量分析，出峰时间定性判断组分种类，广泛应用于农药残留和挥发性风味物质检测。

（二）液相色谱适用范围

液相色谱（LC）适用于热稳定性差、难挥发、极性强和大分子化合物的分析。以反相高效液相色谱（RP-HPLC）为例，流动相为水与有机溶剂混合，固定相为十八烷基硅烷键合硅胶（C18）。农产品中复杂的天然产物，如黄酮类和多酚类化合物，可通过 RP-HPLC 分离。样品在高压泵推动下流经色谱柱，不同组分因相互作用差异而保留时间不同，依次流出进入检测器。紫外检测器和二极管阵列检测器常用于检测具有紫外吸收特性的物质，实现定量测定和杂质筛查。

二、微生物精准检测流程

（一）样品前处理无菌操作

样品前处理无菌操作是确保微生物检测准确性的基石。采集农产品样品时，使用无菌工具，在无菌环境下迅速完成取样，避免污染。固体样品如蔬菜需用无菌剪刀剪取，放入无菌均质袋，加入无菌稀释液后高速均质；液体样品如牛奶则直接梯度稀释。操作人员须穿戴无菌防护装备，所有器具经高温高压灭菌处理，确保检测的微生物来自样品本身，为后续精准鉴定提供可靠样本。

（二）培养基选择与制备

培养基依据检测目标微生物种类及特性精心挑选与制备。检测大肠杆菌时，选用伊红美蓝培养基（EMB），其成分可使大肠杆菌形成紫黑色菌落；检测金黄色葡萄球菌则采用甘露醇高盐培养基，其可使菌落变黄。培养基制备时，按配方准确称取成分，溶解于蒸馏水中，调节 pH 值后分装，高压蒸汽灭菌备用，确保培养基营养丰富且无杂菌污染。

（三）培养条件优化控制

培养条件精准优化对微生物生长及检测至关重要。温度调控上，嗜温菌一般在 36~37℃ 培养，嗜冷菌在 4~10℃，嗜热菌在 50~60℃。气体环境控制方面，需氧菌在普通大气中培养，厌氧菌则须在无氧条件下生长。培养时间根据微生物生长特性调整，细菌一般培养 18~24 小时，真菌可能需要 3~7 天，定期观察菌落生长情况，确保在最佳时间点准确计数和鉴定微生物。

(四) 微生物鉴定方法

微生物鉴定综合运用多种方法确保精准性。传统形态学鉴定通过观察菌落和细胞形态初步判断类别;生理生化鉴定基于微生物代谢特性,如糖类发酵试验、吲哚试验和过氧化氢酶试验,构建"生理生化指纹"。现代分子生物学方法如 PCR 技术,针对特定基因片段扩增和测序,通过与基因数据库比对,精准确定微生物种属,从多维度为农产品质量安全风险评估与防控提供依据。

第四节 新型检测技术展望

一、生物传感器检测

(一) 基于酶的生物传感器

基于酶的生物传感器利用酶对特定底物的催化反应检测农产品中的目标物。例如,葡萄糖氧化酶固定在传感器敏感膜上,可催化葡萄糖与氧气反应生成过氧化氢,通过电化学或光学换能器将其转换为电信号或光信号,从而推算葡萄糖含量。这种传感器特异性高,只对葡萄糖起反应,不受其他糖类干扰。制作过程中,酶的固定化是关键,常采用交联法或包埋法,如用海藻酸钠包埋葡萄糖氧化酶,既能保证酶的活性,又能使其稳定附着。该技术为农产品中糖类、农药残留等成分检测提供快速、精准的手段,有望实现田间地头或加工现场的即时检测。

(二) 免疫生物传感器创新

免疫生物传感器结合免疫反应的特异性和传感器的灵敏度,用于检测农产品中的兽药残留。例如,将针对氯霉素的抗体固定在传感器芯片表面,当样品流经芯片时,氯霉素与抗体特异性结合,引起传感器表面物理化学性质改变,如折射率或电导率变化,通过光学或电学检测方法(如表面等离子共振技术)转化为信号输出。创新点在于优化抗体制备,提高亲和力和特异性,同时开发新型信号转换与放大机制,如量子点标记抗体,增强荧光信号,提高检测灵敏度,满足食品安全监管需求。

(三)核酸适配体生物传感器潜力

核酸适配体是人工筛选的单链核酸片段,能特异性结合靶标分子。例如,针对黄曲霉毒素 B_1 设计的核酸适配体固定在金电极表面,当样品中有该毒素时,适配体与之结合,改变电极表面的电化学阻抗,通过电化学工作站测量阻抗变化实现定量检测。该传感器具有合成简单、成本低、稳定性好的优势,可通过改变核酸序列针对不同目标物进行定制化设计,有望在农产品全程质量监控中广泛应用,填补传统检测技术的空白。

(四)细胞生物传感器原理设想

细胞生物传感器利用活细胞对有害物质的生理响应检测农产品质量。例如,检测重金属污染时,将对重金属敏感的微生物细胞或植物细胞固定在传感器芯片上,当接触含重金属离子的提取物时,细胞内的酶活性或膜电位会发生变化,通过微电极阵列或光学检测手段将其转化为可量化信号。这种传感器反映有害物质对生物的综合毒性,相比单一物质检测,更能全面评估农产品的安全性,为未来农产品质量安全检测开辟新方向。

二、基因芯片技术

(一)致病微生物基因芯片

致病微生物基因芯片用于快速、高通量检测农产品中的致病微生物。设计芯片时,针对常见致病细菌、病毒和真菌的特异性基因序列设计探针,并将其固定在芯片表面。提取农产品样品中的核酸，经荧光标记后与芯片杂交，通过激光扫描检测杂交位点的荧光信号，确定致病微生物种类和数量。这种技术能一次性检测多种病原体，适用于农产品进出口检疫和食物中毒溯源，缩短检测时间，防止受污染农产品流入市场。

（二）转基因农产品检测芯片

转基因农产品检测芯片专注于识别转基因成分。针对常见转基因作物的外源基因（如抗虫基因、抗除草剂基因）设计特异性探针，检测时将样品基因组 DNA 提取、扩增后与芯片杂交，通过荧光信号判断转基因类型和含量。结合多重 PCR 技术，可提高检测通量，满足复杂农产品中转基因成分的精准筛查需求，保障消费者知情权，维护农产品贸易公平。

（三）农产品品质相关基因芯片

农产品品质相关基因芯片用于挖掘与品质特性关联的基因信息。例如，在水果品质研究中，针对影响甜度、酸度、色泽、香气的基因设计探针构建芯片。通过分析不同品种和生长环境下水果的基因表达谱，找出关键基因组合。在种植环节，利用芯片检测幼苗基因表达，预测果实品质；在采后储藏环节，监测基因表达变化，预警品质劣变，延长货架期，实现从田间到餐桌的品质全程管控，提升农业经济效益。

（四）基因芯片数据分析要点

基因芯片产生海量数据，数据分析是关键。首先进行数据预处理，去除背景噪声、校正信号强度，常用方法如局部加权回归归一化（LOWESS）。接着进行差异基因表达分析，采用统计检验方法（如 t 检验、方差分析）找出表达差异显著的基因，这些基因与农产品质量变化相关。最后，利用聚类分析、主成分分析等方法对基因分类、降维，构建基因调控网络，深入理解农产品品质形成和病虫害抗性机制，为农业生产提供科学依据。

三、纳米技术辅助检测趋势

(一) 纳米金标记检测技术

纳米金标记检测技术利用纳米金的光学和电学性质实现灵敏检测。例如，检测农药残留时，将纳米金与抗体结合制备标记复合物，抗原-抗体反应使纳米金聚集，溶液颜色变化可通过肉眼或分光光度计检测。纳米金具有高比表面积和表面等离子共振效应，能增强检测信号。关键在于控制纳米金的粒径和制备稳定的标记复合物，为农产品现场快速检测提供简便、可靠的方法。

(二) 纳米材料增敏检测原理

纳米材料增敏检测基于其小尺寸效应和表面效应，增强检测信号。例如，在重金属检测中，纳米二氧化钛修饰在电化学传感器电极表面，能富集大量重金属离子，加快电子转移速率，显著增强电信号。

第七章 农产品质量安全风险评估与管理

第一节 风险评估体系构建

一、危害识别关键环节

（一）生物性危害源排查

生物性危害源包括细菌、病毒、真菌、寄生虫等。在农产品种植环节，蔬菜重点排查大肠杆菌、沙门氏菌等肠道致病菌，它们可通过受污染的灌溉水、农家肥进入蔬菜生长环境，附着于蔬菜表面。检测方法有常规微生物培养法等。水果常见霉菌感染，如柑橘易受青霉、绿霉侵染，可通过观察果实表面霉斑、软烂迹象等判断霉菌种类。在养殖类农产品领域，动物疫病防控至关重要，如禽类养殖须警惕禽流感病毒，运用 PCR 技术检测病毒核酸等。

（二）化学性危害物甄别

化学性危害物涵盖农药残留、兽药残留、重金属污染、非法添加物等。农药残留检测针对不同农药类型采用相应方法，如有机磷农药可用气相色谱-质谱联用技术。果园果实采摘前要抽样检测农药残留。兽药残留方面，如养猪场的猪使用的抗生素等可能残留于猪肉、内脏中，运用酶联免疫吸附测定法筛查常见兽药。重金属污染常源于土壤、水源，检测粮食谷物时，原子吸收光谱法可测定铅、镉、汞等重金属含量。对于非法添加物，如三聚氰胺在乳制品中的检测，采用免疫化学方法快速初筛，结合液相色谱法定量。

（三）物理性危险因素确定

物理性危险因素主要涉及异物混入。在农产品加工环节，粮食加工要防止金属碎片、石子等异物混入，可通过安装金属探测器、重力筛选机等设备排查。在果蔬包装环节，玻璃渣、塑料碎片可能因包装破损混入，须加强人工巡检与自动化光学检测。

（四）新型危害因子预警

随着科技发展与环境变化，新型危害因子不断涌现。例如，微塑料污染在农产品领域逐渐受关注，目前采用傅里叶变换红外光谱仪结合显微镜观察检测农产品中的微塑料。另外，新出现的基因编辑技术在农业应用中，潜在脱靶效应可能带来未知风险，通过全基因组测序监测基因编辑作物。

二、暴露评估数据来源

（一）膳食调查数据运用

膳食调查旨在了解人群农产品消费模式与摄入量。通过问卷调查，详细记录不同地区、年龄、性别群体每日食用蔬菜、水果、肉类、谷物等农产品种类、数量、食用频率。运用统计软件分析调查数据，构建人群膳食消费模型，估算各类农产品人均日摄入量，为后续暴露评估提供基础数据。

（二）环境监测数据采集

环境监测聚焦农产品产地环境，包括土壤、水源、大气等。土壤监测按网格布点采样，分析重金属含量等。水源监测定期检测化学需氧量、氨氮、农药、重金属等。大气监测检测二氧化硫、氮氧化物、颗粒物等，依据监测数据评估大气污染对农产品质量影响。

(三) 生产环节数据汇总

生产环节数据涵盖种植、养殖过程各个方面。种植数据包括种子种苗来源、化肥农药使用记录、农事操作时间等。养殖数据涉及饲料成分、兽药使用、动物免疫情况等。汇总这些数据可精准评估农产品生产环节风险。

(四) 流通消费数据整合

流通消费数据反映农产品从离开产地到消费者餐桌全过程信息。在批发市场，记录农产品进货来源、批次、销售去向、存储时间温度等。在零售终端，超市、农贸市场收集销售数据，了解货架期农产品销售速度、库存周转率，结合消费者投诉数据，综合判断农产品在流通消费环节质量变化。

三、风险特征描述方法

(一) 定性风险描述要点

定性风险描述主要基于专家判断、历史经验与现有资料，对农产品质量安全风险进行主观评估。组织农业专家、食品安全专家召开研讨会，依据该品种生物学特性、种植养殖要求等，判断其潜在风险因素。同时，查阅国内外相关文献、收集同类农产品质量事故案例，从多个维度综合描述风险性质。

(二) 定量风险评估模型

定量风险评估借助数学模型量化农产品质量安全风险。以农药残留风险评估为例，构建基于概率分布的暴露-剂量模型，通过大量田间抽样检测，运用统计分析拟合残留量概率分布函数，再结合膳食调查得到的人群摄入量数据，输入蒙特卡罗模拟软件，模拟农药残留经膳食摄入后人体内部剂量分布，计算风险指标。在兽药残留评估中，药代动力学-药效学模型可描述兽药在动物体内代谢过程、残留消除规律，结合养殖环节用药数据，预测兽药残留水平及对消费者健康影响。

(三) 不确定性分析方法

不确定性分析旨在识别、量化风险评估过程中的不确定因素。在数据采集阶段,分析抽样误差,运用统计方法计算抽样误差范围。模型参数不确定性方面,通过敏感性分析,确定对模型输出影响大的关键参数,进一步开展多情景模拟,使评估结果更稳健。

(四) 风险等级划分标准

风险等级划分依据风险特征描述与量化结果,将农产品质量安全风险分为不同级别。通常采用风险矩阵法,以风险发生可能性为横轴,危害严重程度为纵轴,将两者划分为高、中、低不同等级,形成风险矩阵。针对不同风险等级制定相应管理措施,低风险采取常规监测、科普宣传等措施,高风险则立即启动应急处置。

第二节 农产品质量安全管理体系

一、行政管理架构梳理

(一) 中央部委职责分工

农产品质量安全管理在中央层面涉及多个部委。农业农村部负责从种植、养殖源头管控农产品质量,制定农业生产标准,规范农业投入品使用,并开展农资打假行动。国家市场监督管理总局侧重于加工、流通及消费环节的监管,严格审批加工企业生产许可,查验农产品进货来源与检验合格证明,发现问题产品及时召回。海关总署则负责进出口农产品的检验检疫,依据国际标准与协定,筛查病虫害及农药兽药残留等问题,保障国内市场安全,助力国内农产品出口。

(二) 地方监管部门层级设置

地方监管部门构建了多层级的监管网络。省级农业农村部

第七章 农产品质量安全风险评估与管理

门统筹协调本地区监管工作,制定实施方案与细则,组织开展监测行动,督办重大质量问题。市级监管部门起承上启下作用,落实省级部署,细化任务指标,直接监管城区周边生产基地与大型批发市场,派遣专业人员驻场监督。县区级及乡镇基层监管机构直面生产者,深入田间地头与养殖场舍,提供技术指导,督促规范生产记录,协助解决质量安全问题,形成全方位监管体系。

(三) 部门协同联动机制

部门协同联动对强化农产品质量安全管理至关重要。农业农村部门与市场监管部门建立信息共享平台,实时通报产地准出与市场准入信息,实现精准拦截问题产品。在重大质量安全事件中,多部门联合成立应急处置小组,卫生健康部门评估健康影响,公安部门调查违法犯罪行为,生态环境部门排查产地污染因素。各部门定期召开联席会议,商讨监管难点,联合开展专项整治行动,形成监管合力。

二、行业自律组织作用

(一) 推动行业标准制定

行业自律组织在推动行业标准制定方面发挥关键作用。以水果行业为例,中国果品流通协会依据品种特性与种植区域差异,制定高于国家标准的行业标准,涵盖果实外观、甜度、农药残留限量等指标。在制定苹果标准时,通过调研确定优质苹果糖度不低于 $14°Bx$,农药残留更严格,为企业生产提供精准指导,提升国产水果竞争力,便于消费者识别优质产品,促进市场良性循环。

(二) 构建企业诚信监督机制

构建企业诚信监督机制是行业自律组织维护市场秩序的重要举措。行业协会建立企业诚信档案,记录生产经营行为,定期向社会公示。若企业出现质量问题或欺诈行为,协会采取

警告、降级、取消会员资格等惩戒措施,并向监管部门通报,形成内外监管合力,倒逼企业整改,保障消费者权益。

(三) 搭建技术培训与交流平台

行业自律组织搭建技术培训与交流平台,助力行业技术提升。定期组织技术培训,邀请专家为企业技术人员、农户讲解种植养殖技术、病虫害防治等知识。同时,举办交流论坛,企业分享管理经验,农户交流生产难题与解决方案,促进全行业技术信息流通,推动产品质量提高。

三、社会监督参与途径

(一) 消费者投诉举报渠道

畅通的消费者投诉举报渠道是社会监督的前沿防线。各地设立12315投诉热线,消费者发现农产品质量问题可随时拨打,工作人员详细记录并迅速转至监管部门处理,要求7个工作日内反馈结果。同时,利用网络平台拓展投诉渠道,消费者可通过官方App、微信公众号上传照片、凭证在线提交投诉。此外,大型超市、农贸市场设置现场投诉点,配备专人接待,形成线上线下全方位投诉网络。

(二) 媒体监督曝光机制

媒体监督曝光机制凭借强大传播力,为农产品质量安全敲响警钟。电视、报纸、网络媒体等聚焦热点问题,深入生产基地与加工车间揭露黑幕,引发社会关注,促使监管部门查处。网络媒体利用社交平台、短视频等形式实时传播知识与案例,形成舆论压力。媒体还设立曝光台,公布问题产品名单与涉事企业,促使企业整改,提升行业质量意识。

(三) 社会组织第三方评估

社会组织作为独立第三方,开展的评估为农产品质量安全提供客观视角。专业认证机构依据国际标准,对申请企业进行全面评估,符合标准授予认证证书,消费者可依此识别优质农产品。消费者协会定期开展市场调查,抽样检测产品,发布消费指南,引导消费者理性选购。科研院所、公益组织等也参与评估,为农产品质量安全建言献策。

(四) 公众科普宣传教育

强化公众科普宣传教育,筑牢农产品质量安全社会根基。政府部门、社会组织通过举办宣传周活动,在社区、学校、集市等地设立宣传点,发放手册、展示展板,讲解农药残留危害、选购技巧等知识。利用新媒体平台制作科普短视频、动画,普及法规、标准知识,介绍农产品追溯流程,增强消费者维权意识与关注度,营造全民关注、共同维护的良好氛围。

第三节 农产品质量安全提升策略

一、科技研发投入方向

(一) 绿色防控技术攻关

绿色防控技术旨在减少化学农药使用,保障农产品质量与生态环境安全。通过物联网技术部署智能虫情监测设备,自动采集田间害虫数据,精准预测病虫害暴发趋势。生物防治是关键,如释放赤眼蜂防治玉米螟,按每亩 1.5 万~2 万头标准投放蜂卡,抑制害虫繁殖。研发植物源农药,从印楝、苦参等植物中提取有效成分,制成喷雾制剂,干扰害虫神经系统,逐步替代高毒化学农药,从源头提升农产品质量。

(二) 精准农业技术研发

精准农业借助先进技术实现农业生产精准化管理。利用卫星导航定位系统(GNSS)结合地理信息系统(GIS),对农田进行精准测绘,划分不同肥力、水分条件的管理区域。播种环节依据地块信息自动调节播量、行距,确保种子分布均匀。施肥时采用变量施肥技术，实时检测土壤养分含量，精准调控施肥量，避免肥料浪费与过度施用。灌溉方面，利用土壤湿度传感器与智能灌溉系统，根据作物需水规律精准供水，提高农产品产量与质量。

(三) 农产品加工创新技术

农产品加工创新聚焦提升产品附加值与质量稳定性。采用气调包装结合冷链物流，调节包装内气体成分，抑制果蔬呼吸作用，延长保鲜期。超微粉碎技术提高营养成分提取率，如制作豆浆时，超微粉碎后的大豆蛋白溶出率提高 20%~30%。非热加工技术如高压处理，在 200~600 兆帕压力下处理果汁、肉制品，既能杀灭微生物，又能保留热敏性营养成分，为消费者提供更优质、安全的加工农产品。

二、从业者素质强化举措

(一) 职业教育培训体系

构建完善的职业教育培训体系是提升从业者素质的基石。针对种植户、养殖户，开展线下集中培训与线上网络课程相结合的培训模式。线下培训邀请专家深入田间地头，手把手传授实用技术，如蔬菜种植培训，涵盖品种选择、茬口安排、温室管理、病虫害防治等内容。线上课程利用农业远程教育平台，设置系列课程，农户可利用碎片化时间自主学习，通过考核颁发电子培训证书。

(二) 技能认证与考核标准

建立科学的技能认证与考核标准规范从业者行为。在种植领域，设立"绿色农产品种植能手""有机农业技术员"等认证，考核内容包括土壤肥力管理、农药化肥合理使用、农产品质量管控等方面。养殖行业，针对兽医、养殖技术员，制定"动物疫病防控专员""标准化养殖技能师"认证，考核疫病诊断治疗能力、兽药规范使用、养殖环境优化等，通过认证者在行业内优先获得技术支持、项目合作机会。

(三) 职业道德培育要点

职业道德培育是从业者素质强化的灵魂工程。通过开展主题教育，如"农产品质量安全诚信月"，组织从业者学习典型案例，剖析因违规使用农药、添加剂导致农产品质量事故的教训，强化诚信意识。行业协会制定职业道德准则，要求从业者如实记录生产过程信息，不隐瞒农药残留超标、疫病发生等问题，承诺生产安全放心农产品。在企业内部，将职业道德纳入员工绩效考核，对遵守规定、保障质量的员工给予奖励。

三、产业模式优化路径

(一) 一二三产业融合模式

一二三产业融合为农产品质量提升开辟新径。以水果产业为例，种植基地与果汁加工企业合作，果园直供新鲜水果，加工企业采用先进工艺生产果汁、果脯等产品，延伸产业链。同时发展观光采摘、农事体验等休闲农业项目，游客在果园采摘新鲜水果，参与果酱制作等活动，增加收入来源。通过产业融合，加工企业对原料品质要求促使种植户提升管理水平，采用绿色防控、精准施肥技术，保障水果质量。

(二) 规模化标准化生产推广

规模化标准化生产是保障农产品质量稳定的关键。在粮食种植领域，通过土地流转，组建大型种植合作社，整合碎片化土地，实现万亩连片种植。合作社统一采购种子、化肥、农药，从源头上保证投入品质量，依据国家标准制定种植操作规程，包括播种深度、行距、施肥量、灌溉周期等，农户按标准统一作业。如小麦种植，统一选用高产优质抗病品种，播种深度 3~5 厘米，行距 15~20 厘米，全程机械化作业，收获时小麦品质均匀一致。

(三) 互联网+农业创新实践

互联网+农业为农产品质量提升注入科技活力。电商平台助力农产品上行，农民通过淘宝、拼多多等平台开设网店，直播带货，展示农产品生长环境、生产过程，消费者实时观看、下单，缩短供应链，减少中间环节损耗，保证农产品新鲜度。物联网技术在农业生产全程应用，养殖场安装智能环境监测系统，实时采集温度、湿度、氨气浓度等数据，自动调控通风、降温、除湿设备，为畜禽创造适宜生长环境，降低疫病发生率，提高畜产品质量。

(四) 生态循环农业发展

生态循环农业实现资源高效利用与环境友好。在养殖种植循环模式中，养殖场粪便经沼气池发酵，产生沼气用于发电、供暖，沼渣、沼液作为优质有机肥还田，用于蔬菜、果树种植。以猪场为例，存栏1 000头猪的养殖场，日产粪便2~3吨，经沼气池处理后，可为50~100亩果园提供充足肥料，减少化肥使用量50%~70%，既降低生产成本，又改善土壤结构，提高农产品品质，形成农业生态闭环。

第四节 追溯管理

一、全程追溯信息链条构建

(一) 种子种苗源头信息录入

种子种苗是农产品生产的源头，其信息录入至关重要。种子需要记录品种名称、审定编号、产地、生产商和生产日期等信息，这些数据可用于查询品种特性和适宜种植区域，反映种子质量和活力。种苗则需要额外记录母本信息、嫁接时间和育苗基地环境参数等。信息录入可通过电子标签或二维码技术实现，种植户扫码后可上传至追溯系统，为农产品质量追溯奠定基础。

（二）生产过程关键节点记录

生产过程涵盖多个关键节点，精准记录是实现追溯的核心。种植环节需要记录播种时间、施肥种类与用量、灌溉频次、病虫害防治用药详情等信息，这些数据通过移动端追溯 App 实时录入，方便查询。养殖环节则需要记录畜禽的引种来源、免疫接种记录、饲料投喂信息和转舍时间等，确保每个生产步骤有迹可循，便于快速定位质量问题。

（三）加工储藏环节数据采集

加工储藏环节直接影响农产品品质与货架期，数据采集必须严谨细致。加工工厂需要记录原料进货验收信息、加工工艺参数（如杀菌温度、封口压力）等，这些参数影响产品微生物指标和保质期。储藏环节则需要实时监控冷库的温度、湿度和气体成分，通过传感器与追溯系统联动，自动采集并上传数据，保障储藏条件可控，延长保鲜期。

（四）流通销售全程跟踪

流通销售环节是农产品走向消费者的"最后一公里"，全程跟踪不可或缺。发货时需要记录运输车辆信息、发货时间和收货单位等，冷链物流需要实时监控运输途中的温度数据。进入批发市场或超市后，记录产品到货时间、销售货架位置和价格变动等信息，通过销售终端系统与追溯系统对接，消费者扫码即可获取全流程信息，增强消费信心。

二、追溯节点数据采集

（一）精准记录时间地点

时间地点的精准记录为追溯提供精准坐标。农业生产现场采用智能物联网设备，自动采集农事操作的时间和地块位置信息，如施肥农机上的记录仪可精确到秒并定位经纬度。加工车间则通过电子时钟和位置识别标签，自动抓取工序时间和位置信息，为质量问题排查提供精确线索，确保信息准确无误。

（二）明确操作责任人

明确操作责任人可强化质量责任意识。种植养殖环节为每位农户建立独立账号，所有操作记录关联账号信息，实现责任到人。加工环节实行车间工人实名制，每个工序流转产品附带工人工号信息，若出现质量问题，可快速找到责任人，督促员工严格遵守操作规范。

（三）详细采集质量参数

详细采集质量参数为农产品质量评估提供量化依据。种植农产品需要定期采集土壤肥力指标、作物生长指标和病虫害监测数据；养殖产品则需要检测畜禽体重、血液生化指标和疫病抗体水平等。通过专业检测设备将结果实时录入追溯系统，结合时间、地点和责任人信息，构建完整质量档案，便于及时调整生产策略。

（四）关联录入环境信息

环境信息关联录入反映农产品生长与加工储藏环境全貌。种植区域通过气象站采集气温、降水、光照等数据，分析气象条件对质量的影响；养殖场地监测有害气体浓度和舍内温湿度，保障畜禽健康生长；加工储藏环境则持续上传冷库温度湿度和车间设备运行数据，确保条件符合标准，提升追溯精准度。

三、追溯系统运行维护

（一）硬件设施更新升级

硬件设施是追溯系统稳定运行的基础，定期更新升级至关重要。农业生产源头需要升级物联网监测设备的防护性能，提升传感器精度；加工车间则需要更新高速数据采集设备，满足

第七章 农产品质量安全风险评估与管理

大规模、高频次数据采集需求,防止数据拥堵与丢失,保障生产与追溯同步高效进行。

(二) 软件系统漏洞修复

软件系统漏洞修复保障追溯数据安全与功能完整性。组建专业测试团队,定期扫描漏洞并修复代码缺陷,更新系统版本,优化数据库查询算法,提高数据检索效率,确保用户能快速、准确获取农产品追溯信息,维护系统正常运行。

(三) 数据备份与恢复策略

数据备份与恢复策略是应对数据灾难的关键防线。采用异地冗余备份机制,定期进行全量与增量备份,确保数据备份及时性与完整性。当出现数据丢失或损坏时,利用备份数据迅速恢复,保障追溯系统数据连续性,最大限度降低损失。

(四) 系统安全防护措施

系统安全防护措施全方位守护追溯系统。网络层面部署防火墙、入侵检测系统和虚拟专用网络,防止非法访问和数据窃取;数据层面采用加密技术,保护敏感信息;用户认证层面实行双因素认证,防止账号被盗用,为追溯系统营造安全可靠的运行环境。

四、追溯结果应用场景

(一) 问题产品召回依据

追溯结果是问题产品召回的精准导航。当发现农产品存在质量问题时,依据追溯系统提供的流通销售信息,快速定位问题产品批次和流向,通知经销商下架封存产品,并逆向追溯通知消费者停止食用,及时召回问题产品,避免危害扩散,保障消费者健康。

(二) 质量责任追溯认定

追溯结果为质量责任追溯认定提供确凿证据。通过回溯记录,从种子种苗源头到流通环节,逐一排查质量问题因素,确定责任主体。若因农药残留超标引发纠纷,查看生产过程用药记录,精准认定责任,公正解决纠纷,维护各方合法权益。

(三)消费者查询服务

消费者查询服务是追溯系统提升消费信心的直接体现。消费者通过扫码或输入追溯码,查询农产品从田间到餐桌的详细信息,直观了解产品质量保障过程。企业通过收集消费者反馈,优化追溯系统与产品质量,形成良性互动,提升品牌形象与市场竞争力。

(四)产业供应链优化

追溯结果为产业供应链优化注入智慧力量。企业通过分析追溯数据,挖掘各环节潜在问题与优化空间。从生产端优化种植养殖布局,到加工环节改进工艺参数,再到流通端调整物流配送策略,追溯数据助力企业提高供应链效益,保障农产品质量稳定提升。

第八章 农产品质量安全应急管理

第一节 应急机制建立

一、预警信息发布渠道

(一) 官方网站公告

官方网站是农产品质量安全应急管理的重要信息发布平台。各级农业农村部门和市场监管部门须设立应急信息板块，确保信息醒目且易于查找。一旦发现农产品质量安全隐患，如农药残留超标或致病微生物污染，应立即组织专业人员撰写详细公告，涵盖问题农产品的种类、产地、批次、危害程度及初步应对措施等。同时，利用网站推送功能，确保注册用户第一时间收到通知，并通过搜索引擎优化，让公众在搜索相关农产品信息时优先看到预警公告，引导公众及时了解风险，避免问题产品扩散。

(二) 短信推送预警

短信推送具有精准、直达的优势，能迅速将预警信息传递给关键人群。构建涵盖农产品生产经营者、批发商、零售商、监管人员和消费者代表的短信群发数据库，根据不同群体分类管理，制定针对性推送内容。短信发送采用多通道备份技术，防止因运营商故障导致信息延误，确保预警信息在数小时内送达目标人群，实现信息传递的及时性与准确性。

（三）社交媒体信息发布

社交媒体平台传播速度快、覆盖面广，是预警信息扩散的有力工具。利用微博、微信公众号、抖音等热门平台，创建官方认证的农产品质量安全应急账号，制作图文并茂、通俗易懂的短视频或图文信息。借助热门话题标签、@相关部门与"大V"等方式，迅速扩大信息传播范围，引发公众关注与转发，形成强大的舆论传播力，促使公众快速响应预警信息。

（四）基层广播通知

在农村、农产品批发市场等基层区域，基层广播通知是传递预警信息的有效手段。依托乡村广播系统和农贸市场广播设施，与当地村委会、市场管理方建立紧密联动机制。接到预警指令后，安排专人用方言或通俗易懂的语言进行广播，结合当地消费习惯给出针对性提示，定时循环播放，确保基层群众尤其是老年人群体和小商贩能及时知晓预警，避免因信息不畅导致风险扩大。

二、应急指挥协调架构

（一）中央指挥中心职责

中央指挥中心负责农产品质量安全应急管理的宏观统筹与决策。平时制定全国性应急战略规划和预案体系，组织开展联合应急演练，建立全国监测网络，实时掌控风险动态。突发事件暴发时，迅速启动应急响应，依据事件性质调配国家资源，如调集专家团队、协调军队协助任务，对地方应急处置工作进行监督指导，确保全国应急行动统一、高效，最大程度降低损失。

（二）组建地方应急指挥部

地方应急指挥部是落实应急处置任务的一线作战堡垒。以省级为例，由分管副省长担任总指挥，农业农村、市场监管、卫生健康、公安等多部门负责人为成员，下设综合协调、疫情防控、物资保障、舆情应对等工作小组，明确各小组职责分工。市、县级指挥部参照省级模式，结合本地实际，细化人员配置与职责，确保应急处置从省到县无缝对接，迅速控制事态发展。

（三）部门间协调流程

部门间协调流程是应急处置高效运行的关键。事件发生后，农业农村部门第一时间赶赴现场，对问题农产品溯源调查，封存可疑产品，并通报市场监管部门；市场监管部门在流通领域清查问题产品，追查销售去向；卫生健康部门组织医疗机构对暴露人群进行健康监测；公安部门打击违法犯罪行为。各部门通过联席会议和信息共享平台实时沟通，协同推进应急处置，形成强大合力。

（四）专家顾问团队作用

专家顾问团队为应急处置提供专业技术支撑。团队成员涵盖农产品质量安全、农业种植养殖、食品加工、流行病学等领域的资深专家。在应急预警阶段，专家分析监测数据和舆情信息，辅助确定预警级别；处置过程中，深入现场指导检测，制定无害化处理方案；善后阶段，参与事件调查、责任认定，为恢复生产和重塑市场信心提供权威建议，确保应急处置全过程科学、规范。

第二节 事件处置流程

一、事故现场封锁要点

（一）划定封锁范围

事故现场封锁范围的精准划定是控制事态发展的首要环节，必须依据问题农产品的特性、传播途径及周边环境综合考量。如致病微生物污染的农产品，封锁范围应涵盖种植地、周边水源、相邻田块及临时存放点、运输车辆、批发市场摊位等，半径不少于 500 米；化学性污染则要将下风向的居民区、学校、养殖场等敏感区域纳入封锁，防止污染扩散，确保风险可控。

（二）设置警示标识

警示标识设置旨在醒目告知周边人员远离危险区域，避免二次伤害。在封锁边界的出入口、交叉口、临近建筑外墙等显著位置，设置统一规格的警示标识牌，采用耐候性强的材料制作，内容包括"封锁区，危险勿入"字样，配以国际通用危险标识图案，标注封锁起始时间和负责部门联系方式，保障现场秩序与公共安全。

（三）管制人员进出

人员进出管制是维持事故现场秩序、防止污染扩散的关键。在封锁区域出入口设立临时检查站，安排专业安保人员 24 小时值守，配备防护装备与检查工具。只有持有特别通行证的人员，经严格身份核实、消毒、防护装备检查后，方可进入。对离开封锁区的人员及车辆进行全面消毒和物品检查，记录进出人员信息，确保人员流动可追溯。

（四）保全现场证据

现场证据保全对于查明事故原因、明确责任至关重要。调查人员应迅速勘查现场，利用高清摄像机、数码相机拍摄现场全貌，对可疑物证采用专用物证袋封存，详细标注采集信息，遵循冷链运输要求送实验室检测。现场勘查笔录要翔实，结合照片、物证形成完整证据链，为后续处理提供依据。

二、问题产品召回流程

（一）发布召回通知

召回通知发布要求迅速且广泛。确认农产品存在质量安全

第八章 农产品质量安全应急管理

问题后,生产企业或监管部门应立即启动召回程序,通过多种渠道发布通知。在企业官网、电商平台发布召回公告,内容包含产品信息、问题描述及图片;利用短信群发平台向经销商、零售商、消费者发送召回短信;借助主流媒体扩大通知范围,确保24小时内实现有效告知,降低问题产品危害。

(二)确定召回产品范围

精准确定召回产品范围是召回工作有效性的核心保障。企业质量管控部门联合监管人员,依据生产记录、销售台账、物流信息,回溯问题农产品的全过程。对于批次化产品,通过生产批次号锁定受影响产品;对于散装农产品,结合进货来源、销售记录追溯产品流向,绘制召回产品分布图,明确涉及区域和销售终端,确保召回范围精确到最小单元。

(三)召回产品的运输存储

召回产品的运输与存储必须严格遵循安全规范。运输环节选用符合卫生标准的专用车辆,生物性污染产品必须消毒杀菌并冷链运输,化学性污染产品必须防泄漏、耐腐蚀。到达存储地点后,依据产品特性分类存放,设置隔离标识,安排专人看管,建立出入库记录,确保召回产品全程可控。

(四)召回效果的监督评估

召回效果监督评估是确保召回行动落实到位的关键环节。监管部门成立专项督查小组,定期检查召回执行情况,核实召回比例是否达到预期目标(一般不低于90%)。对于未达标的,责令企业加大召回力度,延长召回时间。同时,收集消费者反馈,综合评估召回效果,确保问题产品彻底清除。

三、受污染产品无害化处理

(一)物理处理方法

物理处理方法是无害化处理的首选手段,具有操作简单、环境风险小的优势。对于受重金属污染的谷物,采用筛选分离技术,利用振动筛、比重分选机去除污染颗粒;对于表面沾染农药、微生物的果蔬,采用清洗消毒法,用清水冲洗后用弱酸性电解水或含氯消毒剂溶液浸泡,杀灭病菌,去除残留,经检测合格后可二次利用。

(二) 化学处理技术

化学处理技术针对特定污染物能实现高效降解转化。处理受有机磷农药污染的农产品时,可利用碱性水解法,将产品置于碱性溶液中浸泡搅拌,使农药分解为无毒或低毒化合物,降解率可达 80%~90%。对于受黄曲霉毒素污染的粮食,采用化学吸附剂法,添加蒙脱石等天然矿物吸附毒素,吸附率可达 95% 以上,确保处理后产品安全利用。

(三) 生物降解途径

生物降解途径借助微生物、酶等生物活性物质,实现对污染物的绿色无害化转化。对于受石油类污染物污染的农产品,引入石油降解菌,利用微生物代谢将石油烃分解为二氧化碳和水;利用酶解法处理受抗生素残留污染的动物源性农产品,如牛奶,添加 β-内酰胺酶水解抗生素,使其失活,处理后产品经检测合格后可供食用。

(四) 处理后环境监测

处理后环境监测是确保无害化处理效果持久、环境不受影响的重要保障。针对处理场地及周边环境,持续开展多维度监测。物理处理场地监测土壤颗粒残留、水体浑浊度;化学处理场地检测土壤酸碱度、化学物质残留浓度;生物处理区域监测微生物群落结构变化、土壤酶活性恢复情况,维护生态平衡,为农产品安全生产筑牢环境根基。

第三节 善后与恢复

一、消费者心理疏导要点

(一) 信息公开透明

信息公开透明是安抚消费者情绪的基石。应急管理部门持续通过官方网站、社交媒体、新闻发布会等渠道,定期更新农产品质量安全事件后续处置情况。详细公布问题农产品的最终流向、无害化处理结果,如"经核实,所有问题蔬菜已全部召回并进行无害化处理,未流入消费者餐桌";公布对涉事企业、责任人的惩处结果,让消费者的正义得以伸张;同时,展示恢复生产后的农产品质量抽检报告,以数据说明产品安全性提升,消除消费者疑虑,重建信任,使消费者感受到信息的及时性与可靠性,稳定市场信心。

(二) 专业咨询服务

专业咨询服务为消费者答疑解惑。组建由农产品质量专家、营养师、心理咨询师构成的咨询团队,通过热线电话、在线平台24小时提供服务。消费者对事件相关农产品存在食用担忧,如"食用过涉事批次水果是否有害健康",专家依据专业知识,结合检测数据给出科学解答;营养师针对消费者对农产品选购的困惑,如"如何挑选安全的蔬菜",提供实用选购技巧;心理咨询师则关注消费者因事件产生的焦虑情绪,给予心理安抚,引导理性看待农产品质量波动,帮助消费者缓解恐慌,恢复消费信心。

(三) 情绪安抚策略

情绪安抚策略注重人文关怀。在事件影响区域,如问题农产品主要销售地社区、超市周边,安排工作人员现场发放宣传资料,资料内容不仅包含事件真相、应对措施,还有温馨提示与鼓励话语，缓解消费者紧张情绪。举办消费者座谈会，邀请市民代表、消费者协会成员参与，倾听消费者心声，现场回应关切，送上印有"农产品质量安全保障"字样的小礼品，如环保购物袋、食品安全手册等，让消费者感受到政府与社会各界的重视，增强消费安全感，营造和谐消费氛围。

（四）消费信心重建

消费信心重建是心理疏导的关键目标。开展"农产品质量安全宣传周"活动，在商场、学校、社区设置宣传点，展示优质农产品生产过程、质量管控体系，邀请消费者实地参观农产品种植基地、加工车间，亲身体验从田间到餐桌的安全保障。推出农产品质量追溯示范产品，消费者扫码即可查看全程信息，增强透明度与可信度。同时，对诚信经营、质量可靠的企业与农户进行表彰宣传，树立正面典型，引导消费者优先选购，以点带面，逐步恢复整个市场消费信心，拉动农产品消费需求。

二、市场秩序恢复举措

（一）违规企业惩处力度

加大违规企业惩处力度彰显法治威严。对于造成农产品质量安全事件的违规企业，依法吊销其生产许可证、营业执照，实施高额经济处罚，罚款额度为违法所得5~10倍，对直接责任人追究刑事责任，判处3~5年有期徒刑，形成强力震慑。建立企业黑名单制度，将违规企业信息录入全国信用信息共享平台，向社会公示，使其在贷款融资、政府采购、招投标等领域处处受限，3~5年内不得从事农产品相关经营活动，倒逼企业强化质量意识，维护市场公平竞争环境。

（二）市场准入规范调整

市场准入规范调整筑牢市场安全防线。相关部门细化农产品市场准入标准，提高检测指标要求，如蔬菜农药残留检测项

第八章　农产品质量安全应急管理

目由原来20项增至30项，增加对新型农药、隐性成分检测；强化产地准出管理，农产品须经产地检测合格、附带质量追溯码方可进入市场。完善入市检测流程，采用"初筛+定量检测"两步法，初筛快速排查问题产品，定量检测精准确定污染物含量，对检测不合格产品就地封存销毁，确保流入市场农产品质量安全，从源头净化市场，保障消费者权益。

（三）交易秩序重建机制

交易秩序重建机制规范市场交易行为。在农产品批发市场、农贸市场，加强摊位管理，重新审核商户资质，清退违规经营商户，对留存商户开展质量安全培训，培训内容包括进货查验、储存保鲜知识，考核合格后方可继续经营。建立诚信交易档案，记录商户日常经营行为，对诚信经营商户给予摊位费减免、优先贷款推荐等奖励，对缺斤少两、售卖问题农产品商户加大处罚，公示不良行为，营造诚信经营、公平交易市场氛围，恢复市场正常交易秩序。

（四）供应链修复策略

供应链修复策略保障产业顺畅运行。针对受损的农产品供应链，政府协调上下游企业加强合作，组织物流企业为受灾地区提供免费或优惠物流服务，降低运输成本20%~30%，确保农资及时供应、农产品顺利外销。推动农业合作社、种植户与加工企业、电商平台建立紧密对接关系，签订长期合作协议，实现订单式生产，稳定销售渠道。例如，水果产区农户与果汁加工厂、生鲜电商达成合作，按需求种植、采摘，减少中间环节损耗，提高供应链效率，促进产业协同发展，快速恢复市场供应能力。

三、生态环境修复行动

（一）土壤污染修复技术

土壤污染修复技术是生态修复的根基。对于受重金属污染土壤，采用植物修复法，种植蜈蚣草、东南景天等超富集植物，其根系能大量吸收土壤中的镉、铅等重金属，经 3~5 年生长，收割植物并妥善处理，可有效降低土壤重金属含量。结合化学淋洗技术，利用乙二胺四乙酸（EDTA）等螯合剂溶液淋洗土壤，增强重金属溶解性，提高修复效率，修复后土壤经检测达标，方可重新种植农产品，保障农产品生长土壤环境安全，从源头上杜绝污染隐患。

（二）水源净化治理方案

水源净化治理方案守护农业用水命脉。针对受污染的灌溉水源，若为化学污染，如农药、化肥残留污染，采用生物膜法，在水源地设置生物膜反应器，利用微生物附着在膜表面形成生物膜，降解水中有机污染物，去除率可达 80%~90%；若为微生物污染，如致病微生物超标，采用紫外线消毒与氯消毒联合工艺，紫外线破坏微生物 DNA 结构，氯消毒剂持续杀菌，确保灌溉用水微生物指标符合标准，保障农产品灌溉用水安全，避免二次污染通过水源传播，维护农业生态平衡。

（三）大气污染防控措施

大气污染防控措施保障农产品生长空气质量。在农产品产区周边，加强工业源管控，对涉气排放企业提高废气排放标准，要求安装先进的脱硫、脱硝、除尘设备，确保废气达标排放；优化交通管理，在收获季节、花期等关键时期，限制大型货车通行，减少尾气排放对农产品污染。推广绿色防控技术，减少农药喷雾，采用物理诱捕、生物防治手段，降低农药挥发对大气污染，营造清洁空气环境，为农产品优质生长提供保障，降低大气污染对农产品质量安全的潜在风险。

（四）生态系统重建规划

生态系统重建规划促进农业生态全面复苏。以受损农田生态系统为例，实施生态沟渠建设，在田间开挖沟渠，种植水生植物，如菖蒲、鸢尾，利用植物吸附、过滤作用，净化农田排水，减少氮磷流失污染水体，同时为水生生物提供栖息地，恢复生物多样性。开展生态护坡工程，在河岸、塘堤种植根系发达植物，防止水土流失，构建水陆生态缓冲带。通过一系列生态工程措施，将农田生态系统与周边水域、林地生态系统有机连接，形成完整生态网络，增强生态系统稳定性与自我修复能力，保障农产品质量安全可持续发展。

第四节 应急处置回顾与提升

一、典型案例剖析

（一）事件起因深度调查

以某地区"毒韭菜"事件为例，起因是部分菜农违规使用高毒农药甲拌磷。当地农业农村部门在抽检中发现韭菜农药残留严重超标，启动溯源调查。通过农资销售台账锁定违规农资店，发现其进货渠道不明且销售记录不全。同时，调研发现菜农因种植密度过大、连作障碍导致病虫害频发，在缺乏科学指导的情况下冒险使用高毒农药。最终确定事件源于农资监管漏洞、菜农知识匮乏及种植环境管理不善三重因素叠加。

（二）应急处置全过程回顾

事件曝光后，当地政府迅速成立应急指挥部，通过多渠道发布预警信息，告知消费者停止购买涉事批次韭菜。农业农村、市场监管、公安等部门联动，封存剩余韭菜，清查市场，召回问题产品，并对农资店违法销售行为展开调查。后续对问题韭菜进行无害化处理，采用化学降解与生物修复净化受污染土壤，历时2个月完成初步整治，韭菜种植基地经检测合格后恢复生产。

(三) 处置效果综合评估

从短期来看,应急处置有效遏制了问题韭菜流入消费者餐桌,召回率达到95%以上,未出现急性中毒病例,市场恐慌情绪在一周内得到缓解。从中期来看,菜农农药使用合规率显著提升,违规用药现象减少80%。长期效果显示,当地政府加强了韭菜产业全链条监管,建立溯源体系,韭菜质量合格率稳定在98%以上,消费者信任度逐渐恢复,市场销量在半年后回升至事件前80%的水平。

(四) 问题根源剖析反思

反思发现,基层农资监管力量薄弱,农资店分布零散,执法人员难以高频次检查,导致违禁农药流入市场。菜农培训体系缺失,对绿色防控技术和农药安全使用知识掌握不足。产业发展规划不完善,韭菜种植无序扩张,种植密度不合理,易引发病虫害。此外,部门间信息共享不畅,协同监管机制亟待优化。

二、处置得失深度总结

(一) 预警机制漏洞分析

"毒韭菜"事件暴露了预警环节的漏洞。基层检测网络覆盖不足,抽检频次低,仅依靠季度性抽检,难以实时捕捉农产品质量波动,导致问题韭菜在市场流通多日才被发现。同时,信息收集渠道单一,缺乏与消费者、行业协会、媒体等多元主体互动,消费者反馈的韭菜问题未得到重视,错过早期预警时机,最终引发公共安全事件。

(二) 指挥协调短板审视

应急指挥协调存在短板,部门间联动初期职责分工不清晰,市场监管部门与农业农村部门在溯源过程中出现重复调查、信息沟通迟滞现象,延缓处置进度。指挥中心缺乏统一调度平台，无法实时掌握各部门行动动态，难以及时调配资源，如召回问题韭菜时因运输车辆协调不畅导致部分韭菜滞留市场，增加风险隐患。此外，与周边地区应急指挥部门未建立有效协同机制，跨区域信息传递受阻。

（三）物资储备调配不足

物资储备调配环节问题突出，应急物资储备库中针对韭菜农药残留检测的专用试剂存量不足，事发后紧急采购耗时3天，延误检测进度。防护装备数量有限，一线工作人员防护不周全，增加职业暴露风险。物资调配方案不完善，未充分考虑事发地交通路况和物流配送能力，运输路线规划不合理，导致物资配送延误，无法满足应急初期高强度检测和处置需求。

（四）信息通报问题反思

信息通报环节存在诸多问题。信息发布及时性欠佳，从发现问题到首次公开通报间隔5小时，期间网络谣言滋生，引发消费者恐慌。通报内容准确性存疑，初期对问题韭菜农药残留成分和危害程度表述模糊，加剧公众担忧。发布渠道虽多但整合不佳，各渠道信息更新不同步，缺乏与公众互动反馈机制，信息单向传播，难以有效引导舆论，破坏政府公信力。

三、同类事件预防策略

（一）风险监测强化举措

强化风险监测，构建全方位监测网。在种植区域加密布设智能监测设备，实时监测土壤肥力、酸碱度和农药残留降解动态，结合病虫害预测模型预警高发期，实现精准防控。加大农产品抽检频次，重点关注高风险品种和产区，利用快速检测技术现场筛查可疑样本。拓宽信息收集渠道，设立举报热线和线上平台，鼓励消费者反馈问题，形成全民参与监测的氛围。

（二）应急预案优化方向

优化应急预案，提升针对性与实操性。结合本地农产品产业结构，分类制定专项预案，细化处置流程和部门分工。定期组织桌面推演与实战演练，模拟不同场景，检验预案可行性，演练后复盘总结，优化应急响应条件、指挥协调流程和物资调配环节。引入专家团队参与预案修订，融入先进防控技术，确保预案科学严谨。

（三）培训演练常态化

推动培训演练常态化，提升应急能力。面向农产品从业者，定期举办安全知识培训班，采用线上线下结合、理论实操并重的方式，年培训时长不少于40小时，考核合格颁发证书。针对应急人员，开展季度性实战演练，模拟从预警到善后的全过程，强化团队协作和应急技能，演练结束后表彰优秀团队和个人，激发应急队伍活力。

（四）产业源头防控要点

狠抓产业源头防控，筑牢安全根基。在农资供应端，强化资质审核，建立信用评级体系，取缔不合格商家，推行农资二维码追溯，实现全程管控。种植养殖环节，推广绿色生态模式，为农户提供定制化技术方案，减少病虫害发生，降低农药依赖；加强种苗检疫，防止外来有害生物入侵，从源头保障农产品质量安全。

四、应急知识库更新机制

（一）案例资料归档整理

建立严谨的案例资料归档体系，确保资料完整可用。对每起应急事件设立独立档案卷宗，涵盖事件背景、起因调查、处置过程、效果评估和复盘总结等全流程资料。收集现场照片、检测报告、会议纪要等原始素材，按时间顺序和逻辑关联分类归档，采用电子与纸质双存储模式，专人保管，为后续研究和经验借鉴提供翔实的一手资料。

(二) 知识提炼总结方法

探索科学的知识提炼总结方法，挖掘案例核心价值。组织专家团队和应急一线人员定期研讨案例，运用鱼骨图、思维导图等工具剖析事件因果关系，提炼关键知识点。将知识点归纳为风险监测、预警、处置、恢复等模块，编写案例分析报告，附专家点评和改进建议，形成结构化的知识体系，便于学习应用。

(三) 知识更新及时性保障

确保知识更新及时，紧跟时代步伐。安排专人跟踪国内外最新动态，每月汇总整理信息。当出现重大变化时，及时组织专家解读并更新知识库内容。每年对知识库进行全面审查修订，淘汰过时知识，补充前沿内容，保持知识库活力，为农产品质量安全应急管理持续赋能。

第九章 农产品品种培优

第一节 品种培优的重要性与意义

一、品种培优与市场需求

(一) 市场需求对品种培优的导向作用

在竞争激烈的农产品市场中,消费者对品质、口感、外观的要求越来越高。品种培优能够精准满足这些多样化需求,如培育更甜、更脆的水果或更具营养价值的粮食作物。紧跟市场需求进行品种培优,农产品才能在市场中立足,避免被淘汰,从而确保农业生产的经济效益和可持续发展。市场需求如同指挥棒,引导品种培优的方向,使其更具针对性和实用性。

(二) 品种培优对市场竞争力的提升

优质的农产品品种是提升市场竞争力的关键。通过品种培优,可以显著提高农产品的品质和特性,使其在同类产品中脱颖而出。例如,培优后的蔬菜不仅外观鲜亮,口感和营养也更佳,能吸引更多消费者。在国际市场上,优质品种还能增强本国农产品的出口竞争力,打破国外垄断。品种培优带来的独特优势有助于企业树立良好品牌形象,扩大市场份额,实现经济效益提升。

(三) 品种培优与市场趋势的结合

随着科技进步和消费者观念转变,农产品市场呈现诸多新趋势。品种培优须紧密跟随这些趋势,保持市场活力。例如,

第九章　农产品品种培优

消费者对有机、绿色、环保农产品的需求增长，促使科研人员培育适应有机种植的品种，减少对化肥和农药的依赖。同时，电商和冷链物流的发展扩大了农产品的销售范围，品种培优须考虑耐储存性和运输性，以满足远程销售需求。结合市场趋势，品种培优能使农产品更好地适应市场变化，实现产业升级。

二、品种培优对农业竞争力的影响

（一）品种培优与农业生产力的提升

品种是农业生产的核心要素之一，优良品种能直接提高农业生产力。经过培优的品种具有更强的抗病虫害能力、更高的产量潜力和更稳定的生长性能。例如，新型高产小麦品种能在相同土地面积上产出更多粮食，提高生产效率。优良品种的推广还能促进农业技术创新，带动灌溉、施肥、种植等环节的优化，为农业规模化和现代化发展奠定基础。

（二）品种培优与农业经济效益的增加

品种培优对农业经济效益的提升具有显著作用。一方面，优良品种能提高农产品产量和品质，增加农民收入，如优质水果品种在市场上能获得更高价格。另一方面，品种培优还能降低生产成本，如抗病虫害品种减少农药使用量。此外，优良品种的推广能带动相关产业发展，延伸农业产业链，增加附加值，为农业经济发展注入新动力。

（三）品种培优与农业可持续发展的关系

品种培优是实现农业可持续发展的重要途径。优良品种具有更好的适应性和抗逆性，能在不同环境条件下稳定生长，减少对自然资源的依赖。例如，耐旱、耐盐碱品种可在贫瘠土地上生长，提高土地利用率。品种培优还能促进农业生态平衡，减少化肥和农药使用，降低面源污染，保护生态环境，为子孙后代留下可持续发展的农业基础。

三、品种培优与可持续农业发展

(一) 品种培优与资源高效利用

在可持续农业背景下，品种培优对资源高效利用意义重大。优良品种能提高农作物对水、肥、光、热等资源的利用效率。例如，深根系品种能更好地吸收土壤水分和养分，减少水资源浪费；高光效品种能更充分地利用光能，提高光能利用率。品种培优还能促进农业废弃物循环利用，如培育优良畜禽品种减少粪便中营养物质流失，提高饲料利用率，实现农业生态系统的良性循环。

(二) 品种培优与生态环境保护

品种培优在生态环境保护方面发挥积极作用。优良品种具有更强的生态适应性和稳定性，减少农业生产对环境的负面影响。例如，培育抗病虫害品种减少农药使用，降低污染；培育耐瘠薄品种减少土地开垦对生态的破坏。品种培优还能促进农业生态系统的生物多样性，保护地方特色品种，维护生态系统的稳定性和复杂性，实现农业与环境的和谐共生。

(三) 品种培优与农业生态系统的平衡

品种培优对维持农业生态平衡至关重要。优良品种在生态系统中发挥关键作用，促进物质循环和能量流动。例如，固氮豆科作物品种增加土壤氮素含量，改善肥力；耐寒、耐旱品种提高生态系统稳定性和抗逆性。通过品种培优，可构建更加合理、稳定的农业生态系统，实现可持续发展，为人类提供安全健康的农产品。

第九章 农产品品种培优

第二节 品种资源的收集与保护

一、农产品品种资源的现状

（一）品种资源的种类与分布

我国农产品品种资源极为丰富，涵盖粮食作物、经济作物、蔬菜、水果等多个种类。粮食作物如水稻、小麦、玉米等分布广泛，同时存在众多地方特色品种，如优质糯稻等。经济作物如棉花、油菜、花生等在全国不同区域种植，形成了适应不同生态区的品种。蔬菜和水果品种更是丰富多样，番茄有大红果、粉果等类型，苹果有富士、嘎啦等品种，它们分布在不同地理区域，构成了我国农业品种资源的多样性和独特性，为农业发展提供了坚实基础。

（二）品种资源的现状评估

我国农产品品种资源现状复杂。一方面，农业科技进步和良种推广使得主要农作物的优良品种广泛应用，产量和品质显著提升，如高产优质小麦品种保障了国家粮食安全。另一方面，部分传统地方品种因种植效益低、市场需求小，种植面积逐渐缩减，面临被边缘化的风险。同时，引进品种的增加也对本地品种产生了竞争压力。总体而言，我国品种资源在保障主要农产品供应方面发挥了重要作用，但也存在部分品种保护不足、结构有待优化等问题，需要进一步加强管理和保护。

（三）品种资源的濒危状况

许多农产品品种资源正面临濒危困境。一些具有独特风味和营养价值的地方特色品种，因受现代农业品种冲击，种植规模不断缩小。例如，某些山区的传统特色蔬菜仅在少数农户自留地中种植，随着老一代农民离世，传承面临断代风险。此外，生态环境变化和农业种植方式转变也对品种资源的生存构成威胁，如适应特定生态环境的作物品种因土地退化、气候变化等因素，生长环境遭到破坏，导致品种退化甚至濒临灭绝。这些濒危品种资源的消失，不仅降低了农业生物多样性，也将对农业可持续发展和地方文化传承造成不可挽回的损失。

二、品种资源收集的方法与途径

（一）品种资源的调查与收集

开展全面系统的品种资源调查是收集工作的基础。通过组织专业团队深入农村、农业生产基地和种质资源保护区，采用实地走访、问卷调查、农户访谈等方式，详细了解当地品种资源的种类、分布、种植面积和特性等信息。结合现代信息技术，如 GIS 和 GPS，对品种资源的地理位置和生态环境进行精准记录。在此基础上，对有价值的品种资源进行收集，包括采集种子、种苗等繁殖材料，并做好标记和记录，确保收集工作的科学性和准确性。

（二）品种资源的引进与合作

引进国外优良品种资源是丰富我国品种资源的重要途径。通过与国际农业研究机构、种业企业合作，引进具有优良性状的品种资源，如高抗病虫害、耐逆性强的作物品种。在引进过程中，防止外来有害生物传入。同时，开展引进试验和筛选工作，评估引进品种在我国不同生态区域的适应性，为品种改良和推广提供依据。此外，通过参加国际种业展会、学术交流会议等活动，加强与国际同行的信息共享和技术合作，拓宽品种资源引进渠道，提升我国品种资源的多样性和竞争力。

（三）品种资源的信息化管理

建立品种资源信息化管理系统是提高收集与保护效率的关键。利用数据库技术，将品种资源信息进行数字化存储，包括品种名称、来源、特性、采集地点、保存状态等详细信息。通过信息化管理，实现品种资源的快速查询、检索和统计分析，为研究、利用和保护提供数据支持。同时，信息化管理还可以实现品种资源信息的共享与交流，促进不同地区、不同研究机构之间的合作与协同创新，推动我国品种资源保护事业的发展。此外，借助互联网平台，向社会公众展示品种资源信息，提高公众对品种资源保护的意识和参与度。

三、品种资源的保护措施

（一）品种资源的原地保护

原地保护是指在品种资源的原产地或原生态环境中进行保护。通过建立品种资源保护区或保护点，对具有独特价值的地方品种进行就地保护。在保护区内，采取科学合理的种植管理措施，如保持传统种植方式、控制种植规模、避免过度开发等，确保品种资源的生长环境和遗传特性得到维持。同时，加强对保护区内品种资源的监测和评估，及时发现和解决品种退化、生态环境变化等问题，确保原地保护工作的有效性和可持续性。此外，鼓励当地农民参与原地保护工作，通过扶持和技术指导，提高农民保护品种资源的积极性和主动性。

（二）品种资源的异地保护

异地保护是将品种资源从原产地迁出，在专门的保存设施或基地中进行保护。建立种质资源库是异地保护的主要方式之一，通过低温、低湿等条件保存种子、花粉等繁殖材料，延长其寿命，确保品种资源的遗传信息得到长期保存。此外，还可以通过建立植物园、基因圃等形式进行异地保护，对无法通过种子保存的品种资源进行活体保存。在异地保护过程中，注重对品种资源的繁殖和更新，定期检查保存材料的质量和活力，确保品种资源的完整性和可用性。同时，加强对异地保护设施的管理和维护，保障品种资源的安全保存。

第三节 品种选育与改良技术

一、传统育种技术与方法

(一) 杂交育种技术

杂交育种是将不同品种甚至不同物种的优良性状通过杂交组合在一起,创造新的品种。它利用了基因的重组和分离原理,在杂交后代中筛选出具有目标性状的个体。例如,将高产小麦品种与抗病性强的小麦品种进行杂交,可能在后代中获得既高产又抗病的新品种。这种方法能够有效整合亲本的优良基因,提高品种的综合性能,在传统育种中应用广泛,为培育优良品种奠定了坚实基础,推动了农业的发展和进步,满足了不断增长的粮食需求。

(二) 选择育种技术

选择育种技术是指从现有的植物群体中,依据一定的选择标准,挑选出具有优良性状的个体或变异株,经过多代选择和繁殖,使其优良性状稳定遗传,从而形成新的品种。这种方法简单易行,成本较低。例如,在玉米种植中,挑选出粒大、饱满、抗倒伏的植株作为种株,连续种植几代后,就能得到相对稳定的优良品种。选择育种在农业生产中发挥了重要作用,是品种改良的基础手段之一,为培育适应不同环境和市场需求的品种提供了可能。

(三) 诱变育种技术

诱变育种技术是利用物理或化学因素,如射线照射、化学药剂处理等,诱导植物种子或幼苗发生基因突变,然后从突变后代中筛选出具有优良性状的变异个体,培育成新品种。由于基因突变具有不定向性和多方向性,诱变育种能够产生丰富的变异类型,为品种改良提供了更多的选择机会。例如,通过诱变处理获得的水稻突变体，可能在产量、品质、抗逆性等方面表现出优良性状，从而为水稻品种的更新换代提供新的材料，促进农业生产的可持续发展。

二、现代生物技术在品种选育中的应用

（一）基因工程育种技术

基因工程育种技术是通过分子生物学手段，将特定基因从一个生物体中分离出来，然后导入另一个生物体的基因组中，使其表达出新的性状，从而培育出新品种。这种技术能够实现跨物种的基因转移，突破了传统育种技术的局限性。例如，将抗虫基因导入到棉花中，培育出抗虫棉，有效减少了棉铃虫对棉花的危害，降低了农药的使用量，提高了棉花的产量和品质，为农业生产带来了显著的经济效益和生态效益。

（二）分子标记辅助育种技术

分子标记辅助育种技术是利用与目标基因紧密连锁的DNA分子标记，对目标基因进行间接选择，从而加速育种进程，提高育种效率。在育种过程中，通过检测分子标记，可以快速、准确地筛选出含有目标基因的个体，避免了传统选择方法中因表型相似而难以区分的问题。例如，在水稻育种中，利用分子标记辅助选择，可以快速筛选出具有高产、优质、抗病等目标性状的植株，大大缩短了育种周期，为培育优良品种提供了有力的技术支持，推动了农业的现代化发展。

（三）细胞工程育种技术

细胞工程育种技术是通过细胞水平的操作，如细胞融合、细胞培养等技术手段，培育出新品种。例如，植物体细胞杂交技术可以将不同物种的体细胞融合在一起，形成杂种细胞，再通过组织培养技术将其培育成植株。这种方法能够克服远缘杂交不亲和的障碍，实现优良性状的聚合。此外，利用细胞培养技术，还可以进行植物的快速繁殖、种质保存等，为品种选育

和农业生产提供了新的途径，丰富了育种手段，促进了农业的发展和进步。

三、品种改良的目标与策略

（一）品种改良的市场需求导向

品种改良应紧密围绕市场需求展开。随着人们生活水平的提高，消费者对农产品的需求日益多样化，不仅要求产量高，还要求品质好、口感佳、营养丰富。例如，市场对水果的需求从传统的高产量转向高品质、特色化，这就要求品种改良注重果实的甜度、色泽、香气等品质指标。同时，随着健康意识的增强，消费者对富含特定营养成分的农产品需求增加，如富含花青素的紫薯、维生素C含量高的水果等，品种改良应顺应这一趋势，培育出符合市场需求的营养型品种，以提高农产品的市场竞争力，满足消费者的需求，促进农业的可持续发展。

（二）品种改良的技术创新策略

技术创新是品种改良的关键驱动力。在品种改良过程中，应积极引入先进的生物技术，如基因编辑技术、合成生物学技术等，提高育种的精准性和效率。基因编辑技术能够对目标基因进行精确编辑，实现对品种性状的定向改良。例如，通过CRISPR/Cas9基因编辑技术，可以精准地敲除或修改植物基因组中的特定基因，培育出抗病、抗虫、耐逆性强的品种。同时，加强多学科交叉研究，结合生态学、土壤学等学科知识，从生态系统的角度出发，培育出适应不同生态环境的品种，为品种改良提供更广阔的技术支持和创新思路。

（三）品种改良的可持续发展策略

品种改良应遵循可持续发展原则。在追求产量和品质提升的同时，注重生态环境保护和资源的合理利用。培育抗病虫害品种，减少农药的使用，降低农业面源污染；培育耐旱、耐盐碱品种，提高土地利用率，减少对优质耕地的依赖。例如，培

育出的抗倒伏品种能够减少因倒伏而造成的产量损失,同时降低因过度施肥、灌溉等导致的环境污染。此外,品种改良还应考虑农业生态系统的平衡,保护生物多样性,促进农业生态系统的稳定和可持续发展,为子孙后代留下良好的生态环境和可持续发展的农业基础。

第四节 品种推广与应用

一、新品种推广的渠道与方法

(一) 农业技术推广体系

农业技术推广体系是新品种推广的重要渠道。各级农业技术推广机构通过组织专家和技术人员深入农村,开展新品种的试验示范、技术培训和指导服务。例如,在基层农技站的示范田里种植新品种,让农民直观了解其生长表现。同时,利用农技推广网络平台发布新品种信息,包括品种特性、栽培技术要点等,方便农民随时随地查询学习。此外,农技人员还会定期举办新品种现场观摩会,邀请农民实地参观,现场讲解新品种的优势和种植方法,有效提高了新品种的认知度和接受度,促进了新品种在广大农村地区的推广应用。

(二) 农业企业与合作社的推广

农业企业和合作社在新品种推广中发挥着积极作用。农业企业凭借其资金、技术和市场优势,能够快速引进和推广新品种。例如,种业企业通过与科研机构合作,筛选出适应市场需求的优良品种,然后通过自身的销售网络和售后服务体系,将新品种推广到农民手中。同时,农业合作社作为农民的联合体,能够组织成员统一种植新品种,实现规模化生产和标准化管理。合作社还可以通过与企业合作,建立"公司+合作社+农户"的模式,为农民提供新品种的种植技术和市场销售渠

道，降低农民的种植风险，提高农民种植新品种的积极性，推动新品种的广泛应用。

(三) 农业展会与媒体宣传

农业展会和媒体宣传是新品种推广的有效手段。各类农业展会汇聚了众多农业企业和科研机构，展示了最新的农业品种和技术成果。例如，在全国性的农业博览会上，新品种通过展示、品尝、洽谈等活动，吸引了大量农民、经销商和采购商的关注，为新品种的推广搭建了广阔的平台。同时，媒体宣传也起到了重要作用，电视、报纸、网络等媒体通过专题报道、广告宣传等形式，介绍新品种的特点和优势，提高了新品种的知名度。例如，农业电视台播出的新品种介绍节目，详细讲解了新品种的种植技术、市场前景等，让农民足不出户就能了解品种信息，激发了农民种植新品种的兴趣。

二、品种推广中的农民培训与技术指导

(一) 农民培训的内容与方法

农民培训是品种推广的关键环节，内容涵盖新品种的特性、栽培技术、病虫害防治等方面。例如，在培训中详细讲解新品种的生长周期、适宜种植区域、对土壤和气候的要求等，让农民充分了解新品种的特点。培训方法多样，包括集中授课、田间实训、线上学习等。集中授课由专家在教室里系统讲解理论知识，田间实训则组织农民到示范基地现场学习种植技术，线上学习通过网络课程让农民随时随地自主学习。例如，利用手机 App 开展线上培训，农民可以在田间地头通过手机观看种植技术视频，学习病虫害防治方法，提高了培训的灵活性和覆盖面，有效提升了农民的种植技术水平。

(二) 技术指导的模式与效果

技术指导是确保新品种种植成功的重要保障，模式包括专家现场指导、远程咨询、农技人员包村联户等。专家现场指导

由农业专家深入田间地头，实地查看新品种的生长情况，现场解答农民遇到的问题。远程咨询通过电话、微信、视频等方式，让农民与专家进行实时沟通，及时解决种植过程中出现的技术难题。农技人员包村联户则是农技人员分片包干，定期走访农户，提供一对一的技术指导服务。例如，农技人员每周到联系户家中查看新品种的生长情况，根据实际问题制定个性化的技术方案，确保新品种的种植效果。通过这些技术指导模式，有效提高了新品种的种植成功率，增强了农民对新品种的信心，促进了新品种的推广应用。

(三) 农民参与品种推广的激励机制

建立有效的激励机制是调动农民参与品种推广积极性的重要手段。激励机制包括物质奖励和精神激励两方面。物质奖励如对种植新品种的农民给予种子补贴、化肥补贴、农药补贴等，降低农民的种植成本。例如，政府对种植新品种水稻的农民每亩给予 50 元的种子补贴，减轻了农民的经济负担。精神激励则通过评选种植能手、示范户等活动，对表现优秀的农民进行表彰和宣传，增强农民的荣誉感。例如，每年评选出一批新品种种植示范户，颁发荣誉证书，并在农业技术培训、项目扶持等方面给予优先考虑，激发了农民种植新品种的积极性和主动性，推动了新品种的广泛种植。

三、品种推广的市场机制

(一) 市场机制对品种推广的促进

市场机制在品种推广中发挥着基础性作用，主要体现在市场需求导向和价格信号引导。市场需求导向使农业企业和农民根据市场需求选择种植新品种。例如，随着消费者对有机蔬菜需求的增加，农民纷纷种植有机蔬菜新品种，满足市场需求。价格信号引导则通过市场价格的变化，引导新品种的种植和推广。例如，当某个新品种水果市场价格较高时，果农会增加该品种的种植面积。同时,市场竞争也促使企业和科研机构不断研发和推广优良新品种,提高品种的竞争力。例如,种业企业为了在市场竞争中占据优势,加大新品种研发和推广力度,推出了一批高产、优质、抗病的新品种,推动了品种的更新换代。

(二) 品种推广中的利益分配机制

合理的利益分配机制是品种推广可持续发展的关键,涉及育种者、推广者、种植者等多方利益。育种者通过品种权转让、技术入股等方式获得经济收益,激励其持续开展品种研发。例如,科研机构将新品种的品种权转让给种业企业,获得转让费和技术服务费。推广者通过销售种子、提供技术服务等方式获取利润,提高推广积极性。例如,农业企业和合作社通过销售新品种种子和提供种植技术服务,获得经济效益。种植者通过种植新品种提高产量和品质,增加收入。例如,农民种植新品种小麦,亩产提高 100 千克,每亩增收 200 元。同时,建立风险共担机制,当新品种种植出现风险时,各方共同承担损失,保障各方利益,促进品种推广的良性循环。

第十章 农产品品质提升

第一节 农产品品质的内涵与评价指标

一、农产品品质的概念与分类

(一) 农产品品质的定义与内涵

农产品品质是指农产品在外观、口感、营养成分、安全性等方面所表现出的特性。它不仅包括产品的基本属性,如大小、形状、颜色等,还涵盖了更深层次的内涵,如营养价值、口感风味、安全性等。高品质的农产品能够满足消费者对健康、美味、安全的需求,是农产品市场竞争的核心要素之一。

(二) 农产品品质的分类与特点

农产品品质可以根据不同的标准进行分类。按食用部位可分为粮食、蔬菜、水果、肉类、蛋类、奶类等;按加工程度可分为初级农产品和加工农产品;按品质等级可分为普通品、优质品、绿色食品、有机食品等。不同类别的农产品在品质特点上存在差异,如绿色食品强调无污染、安全、优质,有机食品则要求更高的生产标准和更严格的认证。

(三) 农产品品质的国际标准与国内标准

国际上,农产品品质标准主要由国际标准化组织(ISO)、国际食品法典委员会(CAC)等机构制定,涵盖食品卫生、质量控制、包装标签等方面。国内则有国家标准(GB)、行业标准(如农业农村部的 NY 标准)和地方标准(DB),对农产品的品质、安全、生产技术等进行规范。这些标准为农产品的生产、流通和消费提供了科学依据，有助于保障农产品质量安全和促进国际贸易。

二、农产品品质的评价指标体系

（一）感官品质评价指标

感官品质评价指标主要通过人的视觉、听觉、嗅觉、味觉和触觉来评估农产品的品质。包括外观（如色泽、形状、大小）、质地（如硬度、弹性）、口感（如甜度、酸度、脆度）、香气（如水果香、谷物香）等。这些指标直接影响消费者的购买意愿和食用体验，是农产品品质评价的重要组成部分。

（二）营养品质评价指标

营养品质评价指标主要评估农产品中营养成分的含量和比例，包括蛋白质、脂肪、碳水化合物、维生素、矿物质等。例如，蛋白质含量高的粮食、维生素 C 含量高的水果、富含矿物质的蔬菜等，都是营养品质的重要体现。营养品质直接影响消费者的健康需求，是高品质农产品的重要特征。

（三）安全品质评价指标

安全品质评价指标主要评估农产品在生产、加工、运输过程中是否存在有害物质残留，包括农药残留、重金属含量、微生物污染、食品添加剂使用等。这些指标直接关系消费者的健康安全，是农产品品质评价的核心内容之一。安全品质的保障需要从源头到餐桌的全过程控制。

三、农产品品质的检测方法

（一）感官检测方法

感官检测方法是通过人的感官对农产品的外观、色泽、气味、口感等进行评价，包括视觉检查（如观察颜色、形状）、嗅觉检查（如闻气味）、味觉检查（如品尝味道）、触觉检查

(如感受质地)。感官检测方法简单直观,但主观性强,容易受到检测人员经验和环境的影响。

(二) 理化检测方法

理化检测方法是利用物理和化学手段对农产品的营养成分、有害物质等进行定量分析,包括光谱分析(如紫外可见分光光度法)、色谱分析(如高效液相色谱法)、质谱分析(如气相色谱-质谱联用)等。理化检测方法准确可靠,但设备昂贵、操作复杂,需要专业技术人员和相应的实验室条件。

(三) 生物检测方法

生物检测方法是利用生物体或生物分子对农产品中的有害物质进行检测,包括微生物检测(如细菌总数、大肠菌群)、生物传感器检测(如酶传感器、免疫传感器)、生物标志物检测(如DNA损伤标志物)。生物检测方法灵敏度高、特异性强,但检测周期长,需要严格的实验条件和专业技术人员。

第二节 农产品品质提升的关键环节

一、种植与养殖过程中的品质控制

(一) 种植过程中的品质控制

在种植过程中,品质控制须从选种、土壤管理、灌溉施肥等环节入手。优质种子是基础,应选择适应当地环境、抗病虫害能力强的品种。土壤管理要注重肥力保持与结构改良,合理轮作、休耕,避免土壤退化与污染。灌溉施肥依作物需求精准实施,保持土壤水分平衡,科学施肥满足营养需求,为农产品品质提升奠定基础。

(二) 养殖过程中的品质控制

养殖环节品质控制关乎动物健康与产品安全。选址要远离

污染源，圈舍设计符合动物习性，确保通风、采光、保温良好。种苗选购从信誉好的养殖场引进，检疫严格。饲料供应营养均衡，来源可靠，加工科学。养殖密度合理，避免疾病传播，科学用药，严格遵守休药期，确保养殖产品品质安全。

（三）种植与养殖过程中的环境管理

环境管理对农产品品质至关重要。种植区要监测土壤肥力、酸碱度，定期检测灌溉水水质，防控大气污染。养殖区须处理好粪污，防止环境污染与疫病传播，监测空气质量，确保畜禽健康。两者都要关注周边生态环境，远离工业污染源，保持生态平衡，为农产品生长创造良好环境。

二、农药与化肥使用对品质的影响

（一）农药使用对品质的影响

农药使用不当会有残留，影响农产品品质与食用安全。过量或高毒农药易致急性中毒，长期摄入低剂量残留会慢性中毒。农药残留破坏农产品原有风味与营养，降低市场竞争力。违规使用农药还可能引发贸易纠纷，损害农业形象，因此要谨慎使用，保障农产品品质。

（二）化肥施用对品质的影响

化肥过量使用会改变土壤结构，板结酸化，降低肥力，使农产品品质下降。氮肥过多致蔬菜硝酸盐含量超标，影响口感与安全；磷肥过量会破坏土壤微生物平衡，降低农产品糖分与维生素含量。化肥不合理使用增加生产成本，污染环境，要科学施用，保障农产品品质。

（三）农药与化肥的合理使用

合理使用农药化肥是保障农产品品质的关键。选用低毒、高效、低残留农药，严格遵守安全间隔期，推广生物防治、物理防治等绿色防控技术，减少化学农药依赖。依土壤肥力与作物需求精准施肥,增施有机肥,改善土壤结构,提高肥力,采用测土配方施肥技术,科学施用化肥,确保农产品品质安全。

三、采收与加工环节的品质保障

(一) 采收环节的品质保障

采收环节对农产品品质影响显著。把握最佳采收期,过早过晚都会影响品质。采收时轻拿轻放,避免机械损伤,分类存放,防止混杂。采收工具保持清洁锋利,运输到加工或储存场所要迅速,维持农产品新鲜度与品质,为后续环节奠定基础。

(二) 加工环节的品质保障

加工环节品质保障需要从工艺、设备、人员多方面入手。加工工艺科学合理,严格控制温度、时间、压力等参数,防止营养成分流失与有害物质产生。设备定期维护保养,保持清洁卫生,符合食品加工安全标准。人员培训合格后上岗,严格操作规程,确保加工环节农产品品质稳定。

(三) 采收与加工环节的质量控制

采收与加工环节质量控制要建立严格体系。采收时记录品种、产地、数量、质量等信息,加工前检验,合格后加工。加工过程依标准操作,关键控制点严格把控,成品检验合格后出厂。加强全程监控,及时发现问题并处理,确保采收与加工环节农产品品质可靠。

四、储存与运输中的品质管理

(一) 储存环节的品质管理

储存环节品质管理关乎农产品保鲜与安全。储存场所保持适宜温湿度,通风良好,清洁卫生。不同农产品依特性分类储存,防止串味与相互挤压。定期检查,及时处理变质或受损产品。采用先进储存技术,如气调保鲜、冷藏保鲜等,延长农产品保鲜期,确保储存环节品质稳定。

(二) 运输环节的品质管理

运输环节品质管理要确保农产品安全快速送达。运输工具依农产品特性选择，保持清洁卫生，温湿度适宜。装卸时轻拿轻放，防止机械损伤。运输过程避免剧烈颠簸与长时间延误，防止农产品变质。加强运输过程监控，及时处理突发情况，确保运输环节农产品品质不受影响。

(三) 储存与运输中的品质控制

储存与运输中品质控制要建立完善体系。储存前严格检验，合格后入库。储存期间定期检查，记录温湿度、通风等信息。运输前检查运输工具，合格后装车，运输过程实时监控，记录温度、时间等信息。加强储存与运输环节衔接，确保全程品质控制，保障农产品品质安全。

第三节　农产品品质提升的技术与方法

一、绿色农业技术与品质提升

(一) 绿色农业技术的定义与特点

绿色农业技术旨在遵循生态平衡原则，减少化学投入品使用。它采用生态友好型种植养殖方法，如生物防治病虫害，利用天敌控制害虫；采用物理防治手段，如防虫网、诱虫灯等；合理利用自然资源，实现农业废弃物循环利用。其特点为环保、可持续，保障农产品安全健康，提升品质同时保护生态环境，满足消费者对绿色食品的需求，是现代农业发展的重要方向，有助于农业产业绿色转型，增强市场竞争力。

(二) 绿色农业技术的应用与效果

在种植领域，绿色农业技术应用广泛。例如，采用间作套种模式，不同作物相互搭配，改善田间微生态环境，提高土地

第十章 农产品品质提升

利用率与作物产量。在养殖方面,生态养殖模式如林下养鸡,鸡在林间觅食,减少化学饲料依赖,同时其粪便为树林提供肥料。效果显著,农产品农药残留降低,品质提升,口感更佳、营养更丰富。生态环境也得到改善,生物多样性增加,土壤肥力提升,农业生态系统更稳定,实现经济与生态效益双赢。

二、有机农业技术的应用

(一)有机农业技术的定义与特点

有机农业技术严格禁止使用化学合成农药、化肥、生长调节剂等投入品。它遵循自然规律与生态学原理,依靠生态系统中生物多样性来维持土壤肥力与控制病虫害。例如,采用绿肥种植、堆肥制作等方式增加土壤有机质含量;利用昆虫、鸟类等天敌控制害虫。其特点为生产过程高度生态化、环保性极强,产品安全性高,满足消费者对有机食品的严格要求,代表农业可持续发展的高端方向,对生态环境保护与农产品品质提升意义重大。

(二)有机农业技术的应用与效果

在有机农业生产中,土壤管理至关重要。通过定期添加有机物料,如腐熟的农家肥、堆肥,改善土壤结构与肥力,使土壤微生物群落丰富,有利于作物根系生长。病虫害防治采用生物防治手段,如释放寄生蜂控制害虫,效果良好且无农药残留。生产出的有机农产品品质卓越、口感纯正、营养丰富,市场价值高。同时,有机农业生产保护了土壤、水源与空气,促进生态平衡,实现农业与环境和谐共生,为消费者提供健康食品的同时保护生态环境。

(三)有机农业技术的推广与应用

为推广有机农业技术,须完善认证体系,确保产品符合有机标准。加强技术培训,让农户掌握有机农业生产要点,如有机肥制作、病虫害生物防治方法。建立有机农业产业园区,发挥集聚效应，带动周边地区发展。鼓励企业参与，从生产资料供应到产品销售提供一站式服务，降低农户风险。通过这些措施，扩大有机农业生产规模，满足市场对有机农产品的需求，推动农业高质量发展，保障农产品质量安全与生态环境可持续。

三、农产品加工技术与品质改善

（一）农产品加工技术的种类与特点

农产品加工技术丰富多样，包括物理加工（如干燥、冷藏，通过降低水分或控制温度延长农产品保质期）、化学加工（如腌制、发酵，利用化学反应改变农产品风味与质地）、生物加工（如酶解、微生物发酵，借助生物活性物质转化农产品成分，提升营养价值）。各技术特点鲜明，物理加工操作简便、成本低；化学加工可大规模生产，但须注意添加剂使用；生物加工绿色安全但周期长、条件要求高，为农产品加工提供多样化选择，满足不同需求。

（二）农产品加工技术的应用与效果

在水果加工中，榨汁技术广泛应用，通过物理方法提取果汁，保留水果营养成分与风味，满足消费者对健康饮品的需求。在肉类加工方面，腌制与烟熏技术可增加肉类的风味与保质期，如腊肉、熏肉等特色产品深受消费者喜爱。加工技术使农产品附加值大幅提升，企业经济效益提高。同时，加工过程可去除农产品部分缺陷，如破损、瑕疵，使产品外观与品质更统一，稳定产品质量，增强市场竞争力，推动农业产业发展。

（三）农产品加工技术的创新与发展

随着科技发展，农产品加工技术不断创新。超高压加工技术在果汁、肉类等领域应用，能更好保留营养成分与风味，延长保质期。智能加工设备如自动化分拣机器人、智能包装机，提高生产效率与产品质量稳定性。未来，加工技术将向绿色、

第十章　农产品品质提升

高效、智能化方向发展,注重营养保留与品质提升,减少能源消耗与环境污染。结合物联网、大数据等技术,实现加工过程精准控制与质量追溯,为农产品加工产业升级提供动力,满足消费者对高品质农产品加工品的需求。

四、农产品保鲜技术与品质保持

(一) 农产品保鲜技术的种类与特点

农产品保鲜技术涵盖多种方式,冷藏保鲜通过低温抑制微生物生长与酶活性,延长农产品保质期,适用于水果、蔬菜、肉类等。气调保鲜调节包装内气体成分,降低氧气含量、增加二氧化碳含量,抑制呼吸作用与微生物生长,常用于生鲜果蔬保鲜。化学保鲜使用保鲜剂、防腐剂,但须严格控制用量与范围,确保安全。各技术特点各异,冷藏保鲜效果好但能耗高;气调保鲜成本较高但品质保持佳;化学保鲜操作简便但安全性要求严格,为农产品保鲜提供多样化选择。

(二) 农产品保鲜技术的应用与效果

在蔬菜销售中,冷藏保鲜广泛应用,超市冷库储存蔬菜,保持新鲜度与口感,减少损耗。水果采摘后采用气调包装,延长货架期,远距离运输后仍能保持良好品质。保鲜技术的应用可降低农产品腐烂变质率,减少浪费,保障市场供应稳定性。消费者能购买到新鲜、品质好的农产品,满足健康饮食需求。企业因损耗降低、产品附加值提升,经济效益提高,推动农业产业健康发展,促进农产品流通与销售。

(三) 农产品保鲜技术的创新与发展

农产品保鲜技术不断创新进步,智能保鲜技术如智能包装材料,能实时监测包装内农产品品质变化,自动调节保鲜环境。新型保鲜剂研发,如生物保鲜剂,利用生物活性物质保鲜,安全高效。保鲜技术与冷链物流深度融合,全程监控农产品温度、湿度等指标,确保品质稳定。未来,保鲜技术将向智

能化、绿色化、高效化发展，满足消费者对高品质农产品的需求，保障农产品质量安全，推动农业产业可持续发展，助力农产品在国内外市场竞争力提升。

第四节 农产品品质提升的市场机制

一、政府在农产品品质提升中的作用

（一）政府监管对品质提升的促进作用

政府加强监管促进农产品品质提升。建立严格的农产品质量安全标准体系，涵盖生产、加工、包装、储存、运输等各个环节，为农产品品质提升提供规范和依据。加强质量检测，定期对农产品进行抽检，对不合格产品及生产企业进行严肃处理，促使生产经营者严格遵守品质标准。例如，对农药残留超标的农产品进行销毁处理，并对相关责任人进行处罚，从而保障农产品品质安全，促进整个行业品质提升。

（二）政府在品质提升中的协调作用

政府在农产品品质提升中发挥协调作用。协调农业、工商、卫生、质检等多个部门，建立联动机制，共同推进农产品品质提升工作。例如，农业农村部门负责生产环节的指导和监管，工商部门负责市场流通环节的监管，卫生部门负责餐饮消费环节的监管，质检部门负责加工环节的监管，各部门之间信息共享、协同执法，形成监管合力。同时，政府还协调科研机构、高校与企业之间的关系，促进产学研合作，推动农产品品质提升技术的研发和应用。

二、农产品质量安全监管体系

（一）农产品质量安全监管的机构与职责

农产品质量安全监管涉及多个机构。农业农村部门负责农

第十章 农产品品质提升

产品生产环节的质量安全监管,包括对农业投入品的使用、农产品生产过程的规范等进行监督管理。市场监管部门负责农产品市场流通环节的质量安全监管,对农产品销售市场进行检查,对不合格产品进行处理。卫生健康部门负责农产品食品安全标准的制定和风险评估,为监管提供科学依据。各机构职责明确,相互配合,共同保障农产品质量安全。例如,农业农村部门对农产品生产基地进行检查,市场监管部门对农产品批发市场进行抽检,卫生健康部门对农产品食品安全风险进行评估,形成全方位的监管格局。

(二)农产品质量安全监管的措施与效果

农产品质量安全监管采取多种措施。加强产地环境监测,对农产品生产区域的土壤、水、空气等进行定期检测,确保产地环境符合质量安全要求。实施农产品市场准入制度,要求进入市场的农产品必须经过检验检疫,合格后方可销售。建立农产品质量安全追溯体系,对农产品的生产、加工、销售等环节进行全程记录,实现来源可追溯、去向可查证。这些措施的实施,有效提高了农产品质量安全水平。农产品抽检合格率逐年提高,消费者对农产品质量安全的信心增强,农产品质量安全事件明显减少,保障了消费者的健康安全。

三、市场机制对农产品品质的激励作用

(一)市场机制对品质提升的激励

市场机制对农产品品质提升具有激励作用。消费者对高品质农产品的需求不断增加,愿意为优质农产品支付更高的价格。例如,有机蔬菜、绿色水果等高品质农产品在市场上往往能获得更高的售价,这促使生产者积极采用先进生产技术,提升农产品品质。同时,市场竞争激烈,农产品品牌众多,生产者为了在市场中脱颖而出,必须注重产品品质,打造优质品牌。例如,一些知名农产品品牌凭借优良品质和良好口碑,在

市场上占据较大份额，获得更高的经济效益，激励其他生产者提升品质。

(二) **市场机制对品质提升的约束**

市场机制对农产品品质提升也具有约束作用。消费者的选择权和评价权对农产品品质形成约束。如果农产品品质不佳，消费者会减少购买，甚至进行投诉，影响生产者的声誉和经济效益。例如，某品牌农产品因品质问题被消费者曝光，导致销量大幅下降，生产者不得不改进品质管理。此外，市场中的质量标准和认证体系也对农产品品质形成约束。农产品要进入高端市场或获得相关认证，必须达到一定的品质标准，这促使生产者严格遵守品质要求，否则将面临被市场淘汰的风险。

(三) **市场机制对品质提升的促进**

市场机制通过资源配置和信息传递促进农产品品质提升。在市场机制作用下，资金、技术、人才等资源向高品质农产品生产领域集聚。例如，一些投资机构看好有机农业的发展前景，纷纷投资有机农产品生产企业，为其提供资金支持，促进企业扩大生产规模、提升技术水平。同时，市场信息传递及时，生产者能够快速了解消费者需求和市场动态，及时调整生产策略，提升农产品品质。例如，通过市场调研，生产者发现消费者对某种营养成分丰富的农产品需求增加，便加大研发投入，培育和生产富含该营养成分的农产品，满足市场需求，实现品质提升。

第十一章 农产品品牌建设

第一节 品牌定位与规划

一、农产品品牌定位的策略与方法

(一) 品牌定位的市场调研

品牌定位的市场调研是品牌建设的基础。通过问卷调查、访谈、焦点小组等方式，收集消费者对农产品的需求、偏好、购买行为等信息。例如，了解消费者对有机蔬菜的购买意愿、对水果品种的喜好等。同时，调研市场竞争状况，分析竞争对手的品牌定位、产品特点、市场份额等。例如，研究同行业其他品牌的定位策略，找出市场空白点或差异化竞争的机会。此外，还要关注市场趋势，如消费者对健康、绿色、环保农产品的需求趋势，为品牌定位提供依据。

(二) 品牌定位的策略选择

品牌定位的策略选择需要结合市场调研结果。差异化定位策略是突出品牌独特卖点，如某品牌大米强调其生长在特定地理环境、具有独特口感。高端定位策略是针对追求品质生活的消费者，提供高品质、高附加值农产品，如有机水果礼盒。情感定位策略是通过品牌故事、文化内涵与消费者建立情感连接，如某品牌农产品讲述农民辛勤劳作故事，引发消费者共鸣。选择策略时要综合考虑品牌优势、市场需求、竞争状况等因素，确保品牌定位准确、有效。

(三）品牌定位的实施与评估

品牌定位实施要将定位理念贯穿品牌建设各环节。产品开发依定位确定品种、品质标准；包装设计体现品牌特色；营销推广传播定位信息。例如，高端定位品牌在产品包装、宣传上突出品质与档次。评估品牌定位效果，通过市场反馈、销售数据、消费者满意度调查等方式。如品牌知名度、美誉度提升，市场份额扩大，说明定位有效；若销售不佳、消费者认知模糊，需要调整定位策略，确保品牌持续发展。

二、品牌规划与市场调研

（一）品牌规划的内容与目标

品牌规划内容涵盖品牌定位、品牌传播、品牌发展等方面。品牌定位明确品牌核心价值与市场定位；品牌传播制定宣传策略，包括广告、公关、促销等；品牌发展设定品牌拓展方向，如产品线延伸、市场扩张。品牌规划目标是提升品牌知名度、美誉度、忠诚度，增加市场份额，实现品牌价值最大化。例如，目标是在一定时间内使品牌成为区域知名农产品品牌，或达到一定销售额与市场占有率，为品牌发展提供清晰方向。

（二）品牌规划的方法与步骤

品牌规划方法包括 SWOT 分析、市场细分、目标市场选择等。SWOT 分析评估品牌优势、劣势、机会、威胁；市场细分划分不同消费者群体；目标市场选择确定品牌重点服务市场。品牌规划步骤是先进行市场调研，收集信息；再分析品牌现状与市场环境，找出品牌发展机会与挑战；接着制定品牌定位、传播策略、发展目标等；最后实施规划并定期评估调整，确保品牌规划科学、有效，适应市场变化。

（三）品牌规划的实施与调整

品牌规划实施要将规划内容落实到具体行动。建立品牌管

第十一章 农产品品牌建设

理团队，负责品牌建设与运营；制定品牌管理制度，规范品牌使用与传播；分配资源，保障品牌推广活动开展。品牌规划调整是根据市场变化、消费者需求变化、竞争状况变化等，对规划内容进行优化。例如，市场出现新消费趋势，需要调整品牌定位与产品策略；竞争对手推出新品牌，需要优化品牌传播策略。定期评估品牌规划实施效果，及时调整，确保品牌持续发展。

三、品牌定位与质量安全的结合

（一）品牌定位中的质量安全要求

品牌定位中的质量安全要求是基础。消费者对农产品质量安全高度关注，品牌定位须明确质量安全标准，如某品牌蔬菜定位为"绿色、安全、健康"，须确保产品符合绿色食品标准。质量安全是品牌差异化竞争的重要方面，如有机农产品品牌强调严格生产标准与认证，满足消费者对高品质农产品需求。品牌定位中的质量安全要求还有助于树立品牌形象，增强消费者信任，提高品牌美誉度与忠诚度，为品牌发展奠定基础。

（二）质量安全对品牌定位的影响

质量安全对品牌定位影响显著。高质量安全水平使品牌在市场中脱颖而出，如某品牌水果因严格控制质量，口感好、无农药残留，定位为高端水果品牌。质量安全问题会严重损害品牌定位，如某品牌农产品出现质量问题，消费者信任度下降，品牌形象受损，市场份额减少。质量安全问题还影响品牌拓展，高质量安全品牌易获得市场认可，拓展新市场、开发新产品；而质量安全不过关的品牌则面临发展瓶颈，因此质量安全是品牌定位的关键因素。

（三）品牌定位与质量安全的互动机制

品牌定位与质量安全相互促进。品牌定位引导质量安全工作，明确质量安全标准与要求，促使企业加强质量控制。质量安全保障品牌定位实现，满足消费者对高品质农产品需求，提升品牌知名度与美誉度。两者互动机制表现为品牌定位推动质量安全提升，质量安全促进品牌发展。例如，品牌定位高端市场，企业需要加强质量安全管理，提高产品品质；高质量安全产品增强品牌竞争力，促进品牌拓展，实现品牌与质量安全良性互动，推动农业品牌化发展。

第二节　品牌塑造与推广

一、农产品品牌形象设计

(一) 品牌形象设计的原则与方法

品牌形象设计须遵循简洁性原则，便于消费者识别与记忆，如某品牌苹果以简洁苹果图形为标志。独特性原则使品牌在市场中脱颖而出，如某品牌大米包装采用独特造型，使人印象深刻。文化性原则融入地域文化、企业文化等元素，使品牌富有内涵。方法上，可采用图形设计，如绘制农产品图案；文字设计，如设计独特品牌名称与字体；色彩搭配，选择体现品牌特质的颜色，如绿色代表健康、环保，用于有机农产品品牌。

(二) 品牌形象设计的内容与要素

品牌形象设计内容涵盖品牌名称、品牌标志、品牌包装等。品牌名称要简洁易记、富有寓意，如"金穗"代表丰收。品牌标志是视觉识别核心，可由图形、文字或图文组合构成，如某品牌水果标志为水果与笑脸结合。品牌包装体现品牌形象，包括包装材料、形状、图案等，如高端茶叶采用精美陶瓷罐包装。此外，品牌宣传语也是重要因素，须简洁有力、突出品牌特色，如"绿色健康，源自天然"。

第十一章 农产品品牌建设

(三) 品牌形象设计的实施与评估

品牌形象设计实施要组建专业设计团队,成员包括设计师、市场人员、品牌管理人员等。设计团队根据品牌定位与设计原则,进行创意设计,形成设计方案。设计方案确定后,应用于产品包装、宣传资料、广告等。评估品牌形象设计效果,可通过市场调研了解消费者对品牌形象的认知与评价,如品牌形象是否突出、能否吸引消费者购买。同时,分析品牌形象设计对品牌知名度、美誉度、市场份额的影响,根据评估结果优化品牌形象设计。

二、品牌推广的渠道与策略

(一) 品牌推广的渠道选择

品牌推广渠道多样,传统媒体如电视、报纸、杂志,具有广泛受众与权威性。电视广告能直观展示农产品特点,报纸杂志可深入介绍品牌故事。网络媒体如社交媒体、电商平台、农业网站,传播速度快、范围广、互动性强。社交媒体可发布品牌动态、与消费者互动,电商平台可展示产品、促进销售。线下活动如参加农业展会、举办产品推介会、开展促销活动,能直接与消费者接触,提升品牌知名度与美誉度。

(二) 品牌推广的策略制定

品牌推广策略制定要明确目标市场与受众,分析其需求与媒体使用习惯。差异化策略突出品牌独特卖点,如某品牌水果强调富含特定营养成分。整合营销策略整合多种推广渠道与手段,如线上与线下结合、传统媒体与网络媒体结合。情感营销策略通过情感诉求与消费者建立情感连接,如讲述农民辛勤劳作故事,引发消费者共鸣,提高品牌忠诚度。

(三) 品牌推广的效果评估

品牌推广效果评估可通过品牌知名度、美誉度、市场占有率等指标衡量。品牌知名度评估可调查消费者对品牌的知晓程度，如品牌名称、标志的识别率。美誉度评估了解消费者对品牌的评价与好感度，如品牌形象、产品质量的满意度。市场占有率评估品牌产品在市场中的份额变化，判断品牌推广对销售的影响。收集消费者反馈，了解消费者对品牌推广活动的看法与建议，根据评估结果调整品牌推广策略，提高推广效果。

三、品牌故事与文化内涵的塑造

（一）品牌故事的创作与传播

品牌故事创作要挖掘品牌起源、发展过程中的有趣、感人故事，如某品牌农产品讲述创始人如何从农民成长为企业家，坚持品质至上理念。故事要真实、生动、富有情感，能吸引消费者关注与共鸣。传播品牌故事可通过品牌宣传册、网站、社交媒体等渠道。在品牌宣传册中详细介绍品牌故事，在网站与社交媒体上发布故事视频、图文等内容，让消费者深入了解品牌背后的故事与价值观。

（二）品牌文化内涵的挖掘与塑造

品牌文化内涵挖掘要深入研究品牌历史、地域文化、企业文化等，如某品牌农产品所在地区有悠久农耕文化，将农耕文化元素融入品牌。塑造品牌文化内涵可通过品牌理念、品牌行为、品牌视觉等方面。品牌理念体现品牌价值观与追求，如"诚信、创新、共赢"；品牌行为包括品牌公益活动、社会责任履行等，展现品牌担当；品牌视觉在品牌形象设计中融入文化元素，如包装设计体现地域文化特色。

（三）品牌故事与文化内涵的互动机制

品牌故事与文化内涵相互促进。品牌故事传播品牌文化内涵，让消费者了解品牌价值观与精神，如品牌故事讲述品牌如何坚持环保理念，体现品牌文化内涵。品牌文化内涵丰富品牌故事内容，使故事更具深度与吸引力，如品牌文化内涵中的创

第十一章 农产品品牌建设

新精神,可融入品牌故事,讲述品牌如何通过创新提升产品品质。两者互动机制表现为品牌故事生动展现文化内涵,文化内涵为故事提供深厚底蕴,共同提升品牌吸引力与竞争力,促进品牌发展。

第三节 品牌维护与提升

一、品牌声誉管理与危机应对

(一)品牌声誉管理的内容与方法

品牌声誉管理涵盖品牌定位、品牌传播、品牌体验等方面。通过明确品牌定位,传递一致的品牌信息,如某品牌农产品定位为"绿色、健康、安全",在宣传中始终突出这一主题。品牌传播利用广告、公关、社交媒体等手段,提升品牌知名度与美誉度,如在电视广告中展示农产品生产过程,增强消费者信任。品牌体验注重产品质量、服务水平等,确保消费者获得良好体验,如提供优质的售后服务,及时处理消费者投诉,维护品牌声誉。

(二)品牌危机的预防与应对

品牌危机预防须建立完善的质量管理体系,确保产品质量安全,如严格把控农产品生产环节,防止出现质量问题。加强市场监测,及时了解市场动态与消费者反馈,如定期收集消费者对品牌的评价,发现潜在危机。品牌危机应对要迅速反应,及时发布权威信息,如在出现产品质量问题时,立即召回产品并公开道歉。采取有效措施解决问题,如改进生产流程、加强员工培训,防止危机再次发生。

(三)品牌声誉管理的效果评估

品牌声誉管理效果评估可通过品牌知名度、美誉度、忠诚度等指标衡量。品牌知名度评估可调查消费者对品牌的知晓程

度,如品牌名称、标志的识别率。美誉度评估可了解消费者对品牌的评价与好感度,如品牌形象、产品质量的满意度。忠诚度评估消费者对品牌的重复购买意愿与推荐意愿,如消费者是否会再次购买品牌产品、是否会向他人推荐。收集消费者反馈,可了解消费者对品牌声誉管理活动的看法与建议,根据评估结果优化品牌声誉管理策略。

二、品牌提升的持续策略

(一)品牌提升的目标与策略

品牌提升目标包括提升品牌知名度、美誉度和忠诚度,扩大市场份额,增加品牌价值。品牌提升策略有产品创新策略,通过研发新产品、改进产品品质,满足消费者需求,如某品牌农产品推出有机新品,吸引消费者关注。品牌传播策略加强广告宣传、公关活动、社交媒体营销,提高品牌曝光度,如在社交媒体上开展品牌话题活动,增加品牌互动。品牌延伸策略拓展产品线、进入新市场,扩大品牌影响力,如某品牌农产品从水果延伸至蔬菜、粮食等品类。

(二)品牌提升的方法与步骤

品牌提升方法包括市场调研、品牌定位、品牌传播、品牌管理等。通过市场调研了解消费者需求、市场竞争状况,为品牌提升提供依据。通过品牌定位明确品牌核心价值与市场定位,如某品牌农产品定位为高端有机品牌。品牌传播即通过广告、公关、促销等手段,提升品牌知名度与美誉度。品牌管理即规范品牌使用、维护品牌形象,如制定品牌管理制度,确保品牌一致性。品牌提升步骤是先进行市场调研,再根据调研结果制定品牌提升策略,接着实施品牌提升计划,最后定期评估品牌提升效果,根据评估结果调整策略。

(三)品牌提升的实施与评估

品牌提升实施要制订详细的实施计划,明确各项任务、责

第十一章　农产品品牌建设

任人与时间节点。加强品牌传播,通过多种渠道宣传品牌提升活动,如在电视、报纸、网络等媒体上发布品牌广告。优化产品与服务,提升产品质量、改进服务水平,满足消费者需求。品牌提升评估可通过品牌知名度、美誉度、市场份额、销售额等指标衡量。定期收集市场数据、消费者反馈,了解品牌提升效果,根据评估结果调整品牌提升策略,确保品牌持续提升。

三、消费者忠诚度与品牌维护

(一)消费者忠诚度的定义与特点

消费者忠诚度是指消费者对某一品牌持续购买、重复消费的意愿与行为。其特点包括重复购买,消费者多次购买同一品牌产品,如长期购买某品牌大米。品牌推荐,消费者向他人推荐自己喜欢的品牌,如向朋友推荐某品牌水果。情感连接,消费者与品牌建立情感纽带,如因品牌故事、文化内涵而喜爱品牌。价格弹性低,消费者对品牌产品价格变动不敏感,即使品牌产品价格上涨,仍愿意购买。

(二)消费者忠诚度的培养与维护

培养消费者忠诚度须提供优质产品与服务,满足消费者需求,如确保农产品品质优良、包装精美。加强品牌传播,提升品牌知名度与美誉度,如通过广告宣传品牌优势。建立会员制度,为会员提供专属优惠、服务,如会员积分兑换礼品。维护消费者忠诚度要持续关注消费者需求变化,及时调整产品与服务,如根据消费者反馈改进产品口味。加强与消费者沟通,通过社交媒体、客服热线等渠道,了解消费者想法,解决消费者问题。

(三)消费者忠诚度与品牌维护的互动机制

消费者忠诚度与品牌维护相互促进。提高消费者忠诚度有助于品牌维护,消费者对品牌的喜爱与支持,使品牌在市场竞争中更具优势,如消费者会抵制其他品牌诱惑,选择自己忠诚的品牌。品牌维护可提升消费者忠诚度,通过维护品牌形象、产品质量,增强消费者对品牌的信任与满意度,如品牌定期推出优质新品,满足消费者需求。两者互动机制表现为消费者忠诚度推动品牌维护,品牌维护促进消费者忠诚度提升,共同助力品牌发展,实现品牌与消费者良性互动。

第四节　品牌塑造与质量安全的融合

一、品牌建设中的质量安全保障

(一) 质量安全保障的内容与方法

质量安全保障涵盖农产品生产、加工、包装、储存、运输等环节。生产环节要确保产地环境符合标准,合理使用农业投入品,如农药、化肥。加工环节须严格把控加工工艺,防止污染与变质。包装环节要使用符合食品安全标准的包装材料。储存与运输环节要控制好温湿度等条件,确保农产品质量安全。方法上,建立质量标准体系,如制定农产品生产技术规程;加强质量检测,如定期对农产品进行抽样检测;实施质量追溯,如建立农产品质量安全追溯系统,实现从田间到餐桌的全程监管。

(二) 质量安全保障的实施与评估

质量安全保障实施要制订详细计划,明确各环节质量要求与责任主体。加强人员培训,提高从业人员质量安全意识与操作技能。加大投入,配备必要检测设备、储存设施等。评估质量安全保障效果,可通过检测报告、消费者反馈、市场抽检等途径,了解农产品质量安全状况。如定期查看消费者对农产品质量的评价,及时发现并解决存在的问题,根据评估结果调整质量安全保障措施,确保农产品质量安全。

第十一章 农产品品牌建设

（三）质量安全保障与品牌建设的互动机制

质量安全保障为品牌建设奠定基础，是品牌发展的前提。高质量安全农产品能增强消费者对品牌的信任与认可，提升品牌形象。品牌建设促进质量安全保障提升，品牌企业为维护品牌声誉，会加强质量安全管理。两者互动机制表现为质量安全保障助力品牌建设，品牌建设推动质量安全保障加强，共同促进农产品质量提升与品牌发展，实现品牌与质量安全良性循环。

二、质量安全与品牌信誉的互动机制

（一）质量安全对品牌信誉的影响

质量安全是品牌信誉的核心要素。高质量安全农产品能赢得消费者信任，树立良好品牌口碑。如某品牌农产品因质量安全可靠，消费者会口口相传，提升品牌知名度与美誉度。反之，质量安全问题会严重损害品牌信誉，导致消费者流失。如某品牌农产品出现质量问题，消费者会降低对品牌的信任度，甚至不再购买该品牌产品，品牌信誉受损，影响品牌发展。

（二）品牌信誉对质量安全的促进

品牌信誉促使企业加强质量安全保障。为维护品牌声誉，企业会严格把控质量关，如加强原材料采购管理、生产过程监控等。品牌信誉高的企业更注重质量安全，因为一旦出现质量问题，损失更大。品牌信誉还激励企业持续提升质量安全水平，如通过技术创新、管理优化等手段，提高农产品质量，满足消费者对高品质农产品的需求，进一步提升品牌信誉。

（三）质量安全与品牌信誉的互动机制

质量安全与品牌信誉相互依存、相互促进。质量安全提升品牌信誉，品牌信誉促使企业加强质量安全保障。两者互动机制表现为质量安全是品牌信誉的基石，品牌信誉是质量安全的保障，共同推动品牌发展。企业要注重质量安全，树立良好品牌信誉，实现品牌与质量安全协同发展，提升市场竞争力，满足消费者对高品质农产品的需求。

三、质量安全事件对品牌的影响及应对

（一）质量安全事件的定义与特点

质量安全事件指农产品在质量安全方面出现问题，如农药残留超标、重金属含量超标、变质等。质量安全事件具有以下特点，一是突发性，可能突然暴发，如某批次农产品被检测出农药残留超标。二是严重性，对消费者健康与品牌声誉造成严重影响，如消费者食用问题农产品后出现健康问题。三是其传播速度快，尤其在互联网时代，信息传播迅速，如社交媒体上关于质量安全事件的消息会快速扩散，引发公众关注。

（二）质量安全事件对品牌的影响

质量安全事件严重损害品牌形象，使消费者对品牌产生负面认知，如认为品牌不重视质量安全，导致消费者信任度下降，消费者可能不再购买该品牌产品，转向其他品牌。市场份额下降，因消费者流失，品牌市场份额会减少。品牌声誉受损，负面事件会影响品牌长期积累的声誉，如品牌可能被贴上"不安全"的标签，影响品牌未来发展。

（三）质量安全事件的应对策略

及时召回问题产品，防止问题产品继续流入市场，减少对消费者的危害。公开道歉，向消费者表达诚挚歉意，承认错误，如品牌负责人公开道歉。加强整改，找出问题根源，采取有效改进措施，如加强生产过程管理。积极与消费者沟通，了解消费者诉求，提供解决方案，如赔偿、退换货等。加强质量安全管理，建立完善质量控制体系，防止类似事件再次发生，如加强原材料检验、生产过程监控等。

主要参考文献

陈松，刘海华，朱莹，2023. 国家农产品质量安全县创建指南［M］. 北京：知识产权出版社.

方庆奎，2023. 农产品质量安全与检测［M］. 合肥：安徽科学技术出版社.

傅志强，2022. 农产品质量安全生产新技术［M］. 长沙：湖南科学技术出版社.

高艳，2024. 农产品质量安全与管理［M］. 济南：济南出版社.

田敬园，赵凯，程节波，2023. 农产品安全全程质量管控［M］. 北京：中国农业科学技术出版社.

王翰霖，杨永霞，赵智明，等，2024. 农产品质量安全概论［M］. 北京：中国农业科学技术出版社.